MACHINES

A VAPEUR,

À Gaz et à Air comprimé,

MISES EN MOUVEMENT PAR DES FEUX

EMPLOYÉS EN MÊME TEMPS A D'AUTRES USAGES,

OU

L'ART D'UTILISER

SUCCESSIVEMENT ET PAR GRADATION,

Tout le Calorique que peut dégager le Combustible

AVANT DE SE PERDRE DANS L'ATMOSPHÈRE,

Au moyen de constructions nouvelles et économiques de fourneaux destinés à fondre et amollir les métaux, à cuire la brique, la chaux, le plâtre,
les alimens, à chauffer les appartemens, etc., où le combustible est toujours économisé, lors même que le calorique n'est pas employé en tout
ou en partie comme moteur des machines.

Ouvrage contenant plus de cent Inventions inconnues, avec Planches.

PAR M. LEGRIS,

INGÉNIEUR-GÉOMÈTRE,

Auteur d'un grand nombre d'inventions déjà publiées en sept ouvrages.

PARIS,

LIBRAIRIE D'EMLER FRÈRES,

RUE GUÉNÉGAUD, N° 23.

1828

MACHINES A VAPEUR,

A GAZ ET A AIR COMPRIMÉ.

PARIS, IMPRIMERIE DE DÉCOURCHANT,
Rue d'Erfurth, n 1, près l'Abbaye.

MACHINES

A VAPEUR,

A GAZ ET A AIR COMPRIMÉ,

MISES EN MOUVEMENT

PAR DES FEUX EMPLOYÉS EN MÊME TEMPS A D'AUTRES USAGES,

OU

l'Art d'utiliser

SUCCESSIVEMENT ET PAR GRADATION

TOUT LE CALORIQUE QUE PEUT DÉGAGER LE COMBUSTIBLE

AVANT DE SE PERDRE DANS L'ATMOSPHÈRE,

Au moyen de constructions nouvelles et économiques de fourneaux destinés à fondre et amollir les métaux, à cuire la brique, la chaux, le plâtre, les alimens, à chauffer les appartemens, etc., où le combustible est toujours économisé, lors même que le calorique n'est pas employé en tout ou en partie comme moteur des machines.

Ouvrage contenant plus de cent inventions inconnues,

AVEC PLANCHES.

PAR M. LEGRIS,

INGÉNIEUR-GÉOMÈTRE,

Auteur d'un grand nombre d'inventions déjà publiées en sept ouvrages.

PARIS,

LIBRAIRIE D'EMLER FRÈRES,

RUE CUÉNÉGAUD, N. 23.

—

1828

MACHINES

A VAPEUR, A GAZ ET A AIR COMPRIMÉ,

MISES EN MOUVEMENT PAR DES FEUX
EMPLOYÉS EN MÊME TEMPS A D'AUTRES USAGES.

FIGURE PREMIÈRE.

Nouvelle soupape de sûreté qui obvie à tous les inconvéniens des anciennes, et dont les effets étaient très-incertains.

L'EXPÉRIENCE prouve que dans une grande dilatation de vapeur dans l'atmosphère il y a absorption de chaleur, refroidissement, condensation de vapeur, réaction sur les bords minces des soupapes, entraînement d'air de côtés, vide dessous, et pression atmosphérique dessus ; toutes causes qui empêchent les soupapes de s'élever à la hauteur nécessaire pour mettre les machines à vapeur hors de danger. Pour prévenir les accidens funestes auxquels ces soupapes donnent lieu, elles sont construites d'un poids A en forme de cône, dont

1

la tige B passe à travers des collets C, ou bien
ce cône est fixé à un levier à poids E ; cette
soupape est ainsi placée au centre d'un petit cylindre vertical, ouvert par le haut D pour le passage de la vapeur, qui, aussitôt qu'elle a soulevé
un peu la soupape, frappe le cylindre F pour venir réagir sur les côtés du cône, le forcer à s'élever de nouveau, ainsi que l'atmosphère qui pèse
dessus. Mais au-dessous et dans la chaudière G,
est un piston H fixé à la tige de la soupape
A, lequel a ses bords à une ligne ou deux de la
surface intérieure du tuyau I qui supporte la soupape, pour former un passage à la vapeur beaucoup moins grand que celui de la soupape A ; ce
piston a une surface beaucoup plus grande que
celle de la soupape ; de manière que quand la vapeur sort par cette soupape, le vide se fait en
quelque sorte en dessous K, et la vapeur de la
chaudière agit fortement sur le piston H qui élève
la soupape jusqu'à ce qu'il soit arrivé à un endroit L où le passage de la vapeur est plus grand,
et où elle a sur le piston H une réaction égale à
l'action; ensuite, dans la chaudière est adapté à la
tige du piston ou de la soupape un poids M, qui
a de grandes plaques N, disposées en sorte que le

courant de vapeur qui se fait par sa sortie puisse élever le poids. Ce poids M, ainsi fixé avec une chaîne O pour prendre dans toutes inclinaisons son centre de gravité, pourrait être encore plus utile dans les machines à vapeur locomotives.

FIGURE 2.

Autre soupape de sûreté.

CETTE soupape est composée d'une longue tige de fer A, fixée dans un tuyau placé au-dessus d'une chaudière B; cette tige traverse l'extrémité du tuyau au moyen d'une boîte à étoupe C, pour faire mouvoir par sa dilatation un levier coudé D et une bielle E, qui vient ouvrir et fermer une soupape en forme de tiroir F; ce tiroir ou soupape est chargé d'un poids G, ou bien il est maintenu par une traverse H dans des collets I fixés à la chaudière. La vapeur ne touche point au montant J, qui supporte le levier coudé afin qu'il n'éprouve pas la même dilatation que la tige A; on pourrait encore remplacer cette tige par un piston K, qui, au moyen d'un poids L fixé à l'extrémité d'un levier coudé, et dont l'inclinaison lui donnerait une résistance croissante et décroissante, ferait mouvoir à tout instant le piston; en sorte que rien

ne pût se coller, soit qu'il fasse tourner un disque
troué ou un robinet pour le passage de la vapeur, laquelle ne pourrait s'échapper que quand le mouvement du piston K serait assez grand. Au besoin, tout le mécanisme pourrait être placé intérieurement dans la chaudière ; et si le piston était
mu par la pression de l'eau de la chaudière, il
ne pourrait donner lieu à aucune perte de vapeur ;
sa tige A pourrait en montant faire frapper une
sonnette par un ressort, et en descendant une
autre d'un son différent qui ferait entendre au
chauffeur quand la vapeur est trop forte ou pas
assez.

FIGURE 3.

Soupape de sûreté qui fixe la hauteur de l'eau dans la chaudière, et réciproquement.

———

ON sait déjà, d'après les moyens que j'ai fait connaître dans ma *Mécanique des gens du monde*, pour faire entrer sans force le combustible dans l'air comprimé, qu'on peut aussi faire entrer de même l'eau dans une chaudière à vapeur et l'y maintenir à un niveau constant A, au moyen de deux robinets horizontaux fixés à un tuyau, qui laissent entre eux une distance B pour contenir toute l'eau qui doit entrer à la fois. Pour cela, on ouvre le premier robinet C pour que l'eau arrive entre les deux B; ensuite on le referme, et on ouvre l'autre D pour qu'elle tombe dans la chaudière E, si l'eau y est trop basse; autrement l'eau ne peut entrer, en sorte qu'il n'y en entre que quand il n'y en a pas assez. Cela conçu, si un flotteur F, portant une soupape G, est fixé dans la chaudière par sa tige qui glisse entre des collets

H, lorsque la vapeur acquerra une très-grande pression, elle fera plus enfoncer le flotteur F dans l'eau,
qui est toujours au même niveau, et ce flotteur en
descendant ouvrira la soupape G ; et si on faisait
entrer l'eau dans la chaudière à la manière ordinaire ou par un piston, les robinets D, en servant
de sortie à la vapeur pour les cylindres, feraient
aussi sortir l'eau entrée de trop dans la chaudière.

Les robinets peuvent encore servir de soupape
de sûreté, au moyen d'un piston à poids pressé
par l'eau I de la chaudière ou de la vapeur J, lequel fait fermer en partie l'entrée K de l'eau aux
robinets ; mais en laissant toujours un très-petit
passage L, qui est suffisant pour la vapeur, et qui
vient prendre la place de la petite quantité d'eau
B qui entre ; d'où il résulte que quand la pression de la vapeur est trop forte, la manœuvre des
robinets fait sortir beaucoup de vapeur, et entrer peu d'eau. Ce principe est très-utile pour limiter la pression dans les machines à vapeur à
injection. (Voy. ma *Mécanique du feu*.) La force
de la vapeur qui sort par les robinets pourrait
aussi ouvrir plus ou moins une soupape M fixée
à l'entrée du réservoir d'eau, et dont l'essieu, au
moyen d'un levier coudé N, formerait en partie

l'entrée de l'eau J, ou bien manœuvrerait une soupape à tiroir O sur la chaudière E ; la vapeur qui sort de la soupape-flotteur P pourrait faire mouvoir une soupape à essieu et à levier à poids Q, qui aurait le même but, au moyen d'une bielle horizontale R. On voit même que la soupape-flotteur pourrait n'être pas nécessaire, si la soupape à essieu Q avait un poids S qui la mît en équilibre avec la pression de la vapeur qu'on désire avoir dans la chaudière ; car, pour peu qu'elle fût remuée par la vapeur, son essieu T pourrait donner un grand mouvement à une soupape à tiroir U.

FIGURE 4.

Autre soupape de sûreté, et moyen de limiter la quantité d'eau dans une chaudière.

———

CETTE soupape de sûreté est formée d'un tuyau d'eau A qui s'élève dans la cheminée B, et qui prend dans la chaudière C un peu au-dessus du niveau D de l'eau; en sorte que quand la force de la vapeur augmente, l'eau s'élève dans un réservoir E au haut de la cheminée, et agrandit ainsi la capacité de la chaudière; mais la vapeur ne peut descendre jusqu'au-dessous de l'entrée F du tuyau, parce qu'alors l'eau, par sa densité ou sa pesanteur, passerait au travers de la vapeur pour rentrer dans la chaudière; une soupape à levier à poids G peut être placée au haut du réservoir, pour faire travailler avec des bielles H les grandes oscillations de l'eau de la chaudière. Cette bielle pourrait aussi ouvrir et fermer des robinets de sûreté; le tuyau A pourrait être recourbé en descendant dans un puits I, et si le puits était peu profond, la vapeur agirait sur du mercure J dont vingt-sept pouces de haut égalent une force atmosphérique, la vapeur, pour perdre de sa force, se refroidirait en traversant quantité de petits tuyaux réunis K, remplis de mercure ou d'eau, mais entourés d'eau froide ; et si la pression de la vapeur était assez grande pour qu'elle pût descendre jusque dans l'autre branche L, elle passerait alors au travers de l'eau ou du mercure pour s'échapper dans l'atmosphère.

On limite aussi la quantité d'eau dans une chaudière au moyen d'un large flotteur M, qui s'élève très-peu au-dessus de l'eau ; sa tige N est fixée à un robinet O qui présente deux passages à l'eau ; quand elle est basse, le poids du flotteur fait tourner le robinet, et l'eau entre dans la chaudière par la force d'un piston P ; mais le flotteur étant relevé, le robinet est fermé Q pour la chaudière, et ouvert R par un tuyau pour le passage S de l'eau refoulée par le piston, afin qu'il n'y ait point de force de perdue. Si le piston P est à simple effet, il faut une soupape T au tuyau qui conduit l'eau à la chaudière, autrement elle n'est pas nécessaire ; la tige du piston pourrait être composée de deux parties placées à côté l'une U de l'au-

(11)

tre V, et glissant ainsi entre des collets X après être réunies par une cheville de fer Y, laquelle glisse avec un ressort le long d'une tige Z mue par un levier *a* fixé à l'essieu du flotteur, afin de désunir la tige V du piston P lorsque le robinet O est fermé, en sorte que le piston ne joue pas inutilement, de manière que quand la chaudière a assez d'eau, celle du réservoir *b* est refoulée dans le même réservoir ; mais si l'eau de la chaudière baisse, le flotteur ferme le passage S du réservoir, et ouvre celui Q de la chaudière pour que l'eau y soit refoulée ; l'essieu O du flotteur pourrait être d'un très-petit diamètre, mais portant des tiges à tiroir ou à robinet, pour ouvrir et fermer les passages tout-à-coup par un pendule ou levier à poids.

FIGURE 5.

Machine à vapeur remontant de l'eau par un balancier hydraulique, semblable à ceux que j'ai publiés dans ma Mécanique des gens du monde, et dans presque tous mes autres ouvrages, où la vapeur peut travailler avec sa pression, ensuite par sa dilatation, et après par sa condensation ; le tout sans roue ni piston.

CETTE machine est composée de deux tuyaux à colonnes d'eau A, qui servent à renvoyer le mouvement aux soupapes B à des distances éloignées; et lorsque l'eau doit être remontée d'un endroit plus profond C que celui où la machine à vapeur est placée D, la vapeur descend par un petit tuyau E recouvert de matières peu conductrices, dans un grand tuyau recourbé F, afin d'y presser l'eau G arrivée par la force atmosphérique qui la fait monter par un tuyau d'aspiration à soupape H; en sorte que l'eau se trouve presque de niveau dans le tuyau recourbé, et que la vapeur, en la pressant d'un côté I jusqu'au fond J, la fasse remonter par l'autre en lui faisant fermer la soupape d'entrée K, et ouvrir celle de sortie L par où l'eau doit s'élever. On conçoit que si on avait de l'eau à élever de différentes hauteurs M, on pourrait les faire arriver par des tuyaux N sur des soupapes O placées dans le tuyau d'élévation, et l'eau de l'endroit le plus bas P pousserait devant elle l'eau provenant de tous les endroits M plus élevés au moyen de petits tuyaux Q N qui ne pourraient laisser descendre qu'une certaine quantité d'eau dans un temps donné par le temps nécessaire laissé pour cet effet à la fermeture des soupapes R.

On vient de voir comment la vapeur fait monter l'eau par sa pression. Voici à présent comment elle la fait élever par sa force expansive. L'ouverture ou soupape S par où elle arrive de la chaudière étant fermée, on ouvre celle T d'un tuyau tapissé de matières non conductrices ; ou bien ce tuyau s'élève dans la cheminée U, pour aller faire élever l'eau à un endroit plus élevé V, ou dont la résistance soit proportionnelle à la force de la vapeur dilatée. Pour cela, cette vapeur ouvre une

soupape X pour refouler l'eau élevée dans un
tuyau recourbé Y, afin que cette eau remonte
dans le grand tuyau Z par l'effet des soupapes *a*,
qui l'empêchent de pouvoir descendre ; la vapeur ayant ainsi agi, on la fait encore agir de
même de nouveau en ouvrant le robinet *b* d'un
autre petit tuyau montant *d*, et l'eau se remet
presque de niveau dans le tuyau recourbé Y, pour
être après rempli d'eau par la force de la vapeur
à l'endroit le plus abaissé L, et ainsi de suite.
Mais lorsqu'on veut faire après servir la condensation de la vapeur, on la fait passer au travers
d'un faisceau vertical de tubes *c* à très-petits dia-
mètres, qui se trouvent renfermés dans un cylindre où l'eau froide du grand tuyau Z forme
un courant, ou bien la vapeur entre dans un long
cylindre *e* qui enveloppe le grand tuyau montant Z ; et la vapeur mal condensée, ainsique l'air,
rentrent dans le grand tuyau près l'extrémité au-
dessus d'un robinet *f* et au-dessous d'une soupape *g*, pour être chassés dehors par l'eau montante, et agir ainsi encore avec le peu de force
qui peut leur rester. La vapeur ainsi condensée,
l'eau de condensation descend, et la force atmosphérique agit sur un tuyau à soupape *h* pour

faire remonter l'eau i de condensation et autre Z plus haut dans le tuyau coudé ; et une nouvelle quantité d'eau vient ensuite comprimer l'air j dans ce tuyau à soupape, lequel remonte ensuite avec l'eau dans le grand tuyau. On peut encore faire condenser la vapeur par les manières ordinaires ; la vapeur passe dans le condenseur k, qui reçoit un jet d'eau froide l; et l'eau d'injection et de condensation tombe dans un tuyau à soupape m long de vingt-cinq ou trente pieds, selon la condensation plus ou moins parfaite dans le condenseur k et la hauteur n, à laquelle doivent être élevées l'eau de condensation ainsi que celle refoulée dans un deuxième tuyau o par la pression de la vapeur L ; l'eau de condensation entre dans ce tuyau à soupape o, comme nous l'avons déjà dit, au moyen d'une soupape R fixée au bas, qui ne se referme que dans un temps donné pour laisser descendre la quantité d'eau voulue. Quant à l'air du condenseur, on le fait sortir par l'entrée de l'eau de condensation entre deux robinets p, ou bien par la pression de cette eau qui le force à sortir par un tuyau à soupapes q, avant qu'elle entre dans le condenseur.

Quand la vapeur, en sortant de la chaudière

D, a une plus grande pression que la colonne
d'eau à élever A, elle agit en commençant F, tout
à la fois par sa pression et sa dilatation; mais si
la pression de la vapeur ne peut égaler celle de
la colonne d'eau A, on fait agir cette vapeur à
différentes hauteurs V, et l'une après l'autre, au
moyen de petits tuyaux T, tapissés de matières
non conductrices de chaleurs, qui conduisent la
vapeur aux endroits voulus V et f.

On pourrait aussi faire équilibre avec une colonne de mercure qui serait placée dans le tuyau
recourbé F, du côté où arrive la vapeur, lorsque
l'eau à élever vient dans l'autre branche B à une
certaine hauteur r au-dessus de la machine à
vapeur D; mais le mercure serait placé du côté
de l'eau B à élever, si elle se trouvait à une grande
profondeur au-dessous de la machine à vapeur
D, en sorte que la vapeur agisse sur une longue
colonne d'eau. (*Voy*. encore pour cet effet les
ouvrages ci-devant indiqués.) Toutes les soupapes
et robinéts peuvent être manœuvrés dans les temps
convenables par ceux B, H, R, K, L, O, que font
mouvoir l'entrée et la sortie de la vapeur, la pression ou le courant de l'eau dans les tuyaux, au
moyen d'une double came S, fixée à leur essieu,

qui fait mouvoir un pendule *t*, auquel sont adaptées des bielles ou des chaînes *u*, et le temps de
son action est fixé par le poids V, plus ou moins
éloigné du centre de rotation X du pendule, et
ce pendule se trouve au-dessus, afin que le poids
V agisse tout-à-coup, aussitôt qu'il dépasse la ver-
ticalité ; en sorte que la came S ne fait que pousser un peu le pendule à droite et à gauche, et le
poids fait seul le reste de la manœuvre : on peut
aussi mettre des bielles ou des chaînes *y* aux essieux à leviers à poids des soupapes que l'eau fait
mouvoir K, L ; et comme l'eau arrive par intervalle au haut du tuyau A, l'essieu d'un flotteur
peut aussi recevoir des bielles et des chaînes Z
pour le même motif.

FIGURE 6.

Le moyen de faire remonter de l'eau, 1º par l'air dilaté, provenant d'un foyer qui brûle dans l'air comprimé ; 2º par la vapeur qui arrive de la chaudière à traverses ou à courans et qui forme le foyer, et par l'air comprimé d'une deuxième chaudière, servant à empêcher et à faire servir le rayonnement de la première chaudière qu'elle renferme ; en sorte qu'il y ait tout à la fois la plus grande quantité possible de calorique de produit et d'utilisé ; ces chaudières ont été publiées dans mes différens ouvrages.

Si c'est l'air du foyer qui a la plus grande force de dilatation, il va travailler le premier à l'endroit le plus bas A, d'où l'eau doit être élevée, et de la même manière que la vapeur dans la figure précédente, et la dilatation de l'air va agir après dans un tuyau recourbé B à un endroit plus élevé C ; cet air s'élève ensuite avec la colonne

d'eau montante D et sort avec elle. La vapeur va
agir de même à une hauteur E, proportionnelle
à sa pression et ensuite à sa force de dilatation,
comme il a été indiqué ; après quoi elle est en-
traînée au dehors par le courant d'eau du grand
tuyau D ; et on se conduit ainsi pour l'air comprimé et échauffé de la chaudière d'enveloppe.
On peut encore faire remonter l'eau prise à des
distances très-éloignées, au moyen de trois pistons
fixés à une tige pour cela. L'air ou la vapeur arrive sur la colonne d'eau F, que supporte le premier piston G, pour lui faire pousser l'eau H du
tuyau d'aspiration I, aspirée par le deuxième piston J, et lorsque la vapeur va agir de même par
sa dilatation B, le troisième piston K, où il n'y
a pas de soupape, refoule les deux autres pistons
par la pesanteur de la grande colonne d'eau D,
pour faire aspirer de nouveau le deuxième piston
J, et mettre le premier G en état d'être repoussé
une seconde fois par la pression d'une nouvelle
quantité de vapeur F. Ces pistons pourraient être
placés verticalement si cela était nécessaire.

FIGURE 7.

Le moyen de faire avec peu de force le plus grand vide dans un condenseur, ou d'élever de même une grande quantité d'eau d'un puits le plus profond, pour la faire servir à condenser des vapeurs, refroidir des liquides, et laver diverses substances employées dans les arts, etc., etc.

Ce condenseur est composé d'un long cylindre A horizontal, à moitié plein d'eau, et l'eau froide arrive au-dessus, sur un plan incliné en forme de crible B, pour tomber en pluie sur la vapeur C qui entre au niveau de l'eau du condenseur, par un tuyau horizontal D, comme l'eau d'un puits se perd à une certaine hauteur E, de la même manière qu'elle arrive à un endroit plus profond F; on a divisé pour cet effet le fond du puits en deux parties pour faire élever les eaux froides ou propres du côté où elles viennent G, et les faire descendre ou perdre de l'autre H étant chaudes ou sales, en y cavernant à droite et à gauche perpendiculairement à la direction des filtres ; et on conçoit que cette opération est encore plus avantageuse quand le puits est plus ou moins artésien, c'est-à-dire que les eaux du fond F s'élèvent d'elles-mêmes par un tuyau I au-dessus du niveau ordinaire E; il en serait encore de même, si le puits, en perdant les eaux, offrait différentes chutes, ou l'eau venant à différentes hauteurs. (Voyez ma *Mécanique manufacturière*.) Deux tuyaux qui ne communiquent entre eux que dans le condenseur descendent dans le puits; l'un I pour y remonter l'eau, et l'autre J pour servir à la faire descendre, afin que l'eau chaude ou l'eau *sale* K puisse faire remonter par sa pesanteur une même quantité d'eau froide et propre L, et même plus, si l'eau chaude peut se perdre à un endroit plus abaissé que celui où elle vient ; de manière à produire sans force le plus grand vide dans le condenseur; pour cet effet, le mouvement est donné par un piston M, qui agit en même temps que la vapeur entre dans le condenseur, pour profiter de sa pression; et en remontant, il fait élever un peu d'eau arrivée au-dessus par des soupapes N, pour chasser l'air du condenseur, qui vient se loger dans un tuyau entre deux soupapes O; mais en descendant le piston force l'eau du grand tuyau J de faire avancer une tige P à deux pistons à levier coudé et à poids Q, dont un piston R fait monter l'eau froide aspirée dans le condenseur A, lorsque le vide y est fait; et aussitôt qu'un piston S est poussé par l'eau chaude, un robinet T se ferme au-dessus, et un autre U s'ouvre au-dessous, pour la perte de l'eau qui a poussé le piston S, lequel est ramené à sa position par le levier à poids Q, ou par la force atmosphérique qui élève l'eau dans le tuyau d'aspiration V; et ainsi de suite. Si l'on fait venir l'eau froide par un tuyau très-profond X, l'eau chaude, plus légère, n'y pourra plus descendre pour pouvoir être remontée; elle sera refroidie et perdue par les filtres. On peut aussi se servir avantageusement des chapelets et norias que j'ai publiés dans mes différens ouvrages; ils remonteient du puits l'eau froide d'un côté par l'eau chaude qu'ils descendraient de l'autre. Tous ces moyens de faire perdre les eaux sales sont aussi très-bons pour les endroits qui n'ont pas d'écoulemens faciles, et qui donnent des eaux stagnantes ou en putréfaction susceptibles de causer des maladies.

FIGURE 8.

Autres manières de condenser et de refroidir les fluides.

———

La vapeur *a* entre à la fois dans quatre ou cinq serpentins emmanchés l'un dans l'autre, placés verticalement ou horizontalement, pour se réunir à un même tuyau ; ou bien elle entre dans une infinité de petits tuyaux mis en faisceaux A, peu espacés l'un de l'autre, pour être entourés d'eau froide B, et pour se réunir à des petites capacités communes aux deux extrémités C; le liquide refroidi ou la vapeur condensée sort par sa propre pesanteur par un tuyau D fixé au-dessous; si l'eau froide à remonter du puits sort d'un endroit E beaucoup plus élevé que celui F, où l'eau chaude doit s'imbiber, il n'est pas nécessaire d'un deuxième cylindre à piston G; car l'eau chaude, qui descend d'un tuyau H du condenseur, vient presser le piston I le plus abaissé, dont la tige pousse avec le deuxième piston J l'eau aspirée par le

tuyau descendant à soupape K; on ferme ensuite
le premier robinet L pour ouvrir celui d'en bas
M, afin que la petite quantité d'eau qui a servi à
pousser le piston I sorte, et que les pistons prennent leur première position par l'effet d'un poids
N, si leur pesanteur ne suffit pas; et ainsi de suite;
mais si l'eau froide E à élever n'est pas beaucoup plus haute que l'eau chaude F qui doit se
perdre, on se sert d'un cylindre à piston G, au-
dessus duquel arrive l'eau O de condensation, et
l'air du condenseur pour être chassé au dehors ;
et l'eau du grand tuyau H qui vient se loger sous
le piston, sert pour renvoyer le mouvement à un
piston P pesant ou de fer, et sans tige , lequel
glisse dans un tuyau vertical pour faire élever
l'eau du tuyau d'aspiration Q qui est venue se loger
sur ce piston P; après quoi un robinet R se ferme
et un autre S s'ouvre en dessous pendant le temps
voulu, pour qu'une certaine quantité d'eau sorte
par la pesanteur du piston P et de l'eau qui est
au-dessous , lesquels l'emportent sur la force atmosphérique; mais pour que l'eau sale F ne
puisse se mêler à l'eau propre E, le fond du
puits T est fermé hermétiquement, afin que l'eau
froide E ne puisse s'élever que par un tuyau U qui

traverse le fond de ce puits ; et si l'eau froide à élever se trouvait à un endroit beaucoup plus bas que celui où l'eau chaude doit se perdre, il faudrait une longue tige V à deux pistons, placée verticalement, et la pesanteur d'un poids X, fixé à un levier coudé, ferait remonter les pistons. Voyez aussi mon ouvrage intitulé *Nouvelles machines à vapeur.*

FIGURE 9.

Condenseur sans piston, où l'eau chauffe par gradation, pour donner le plus grand refroidissement, et de l'eau presque bouillante pour alimenter la chaudière.

CE condenseur A est formé d'un cylindre horizontal à moisé plein d'eau, laquelle tombe en cascades dans des petits tuyaux horizontaux B, jusqu'à ce qu'elle soit arrivée à l'endroit le plus abaissé C, pour entrer dans la chaudière par l'effet de deux robinets D. La vapeur F des cylindres à pistons arrive à cet endroit pour traverser en montant l'eau des petits tuyaux B et l'échauffer ainsi au fur et à mesure qu'elle tombe ; ce qui fait aussi que cette vapeur arrive moins chaude dans le condenseur A, où elle est ensuite condensée par l'eau F, qui tombe d'un réservoir par l'effet de deux robinets G, ou à chaque fois que la force de la vapeur a plus que le quart d'atmosphère pour faire ouvrir une soupape H à levier à poids, mais qui se referme par la force de l'atmosphère et par le courant d'eau G descendant quand la vapeur est condensée, et une partie de l'air, traversant l'eau par sa légèreté, doit aussi sortir par le tuyau G pendant cet intervalle; l'eau tombe en forme de pluie sur la vapeur, par le moyen d'une sorte de crible I, et si la vapeur arrivait dans le condenseur avec beaucoup de force, elle pourrait faire sortir une partie de l'air et de l'eau, au moyen d'un tuyau horizontal et à soupape J, et le restant de l'eau, si elle entrait abondamment dans le condenseur, pourrait sortir par un tuyau à soupape K de douze ou quinze pieds de long, placé au-dessous du condenseur; mais pour une machine portative ou autre, où l'eau n'est pas commune, on supprimerait le grand condenseur A, pour ne se servir que de l'eau des tuyaux en cascades B, et qui donnent de l'eau bouillante pour la chaudière. Il est avantageux de faire ainsi bien servir toute l'eau du condenseur, pour n'en faire entrer que ce qu'il faut, afin de ne pas être obligé à perdre de la force pour en élever trop et à faire sortir celle inutile, et encore pour ne pas en nécessiter plus qu'on n'en a à sa disposition lorsqu'elle est rare.

~~~~~~

FIGURE 10.

*Autre condenseur qui chauffe l'eau par grada-
tion et l'élève ensuite, pour qu'elle entre plus
facilement par sa pesanteur dans la chaudière
et avec le plus de chaleur possible.*

———

Ce condenseur est composé d'un cylindre vertical A, renfermant dans son intérieur des plans
inclinés B, C, troués comme des cribles et en
forme d'entonnoirs renversés, pour avoir de l'eau
en pluie et en nappe qui condense facilement la
vapeur D, qui s'élève en venant des cylindres à
pistons ; et au-dessus du condenseur est un réservoir E d'eau froide avec un tuyau à deux robinets
F, par où sort l'air qui vient remplacer le volume
d'eau G qui entre dans le condenseur. Lorsque la
vapeur arrive D, elle presse fortement l'eau chaude
I du condenseur, pour la faire élever par un tuyau
à soupape H, afin qu'elle redescende par son propre poids dans un autre tuyau à soupape J fixé à
une chaudière qui chauffe par gradation, et dont
~~~~~~

la dernière partie offre peu de pression; autrement, l'eau est remontée dans un réservoir qui porte un tuyau à deux robinets K pour donner l'eau à une chaudière à haute pression, et le trop d'eau du condenseur sort par la force de la vapeur qui arrive et par la pesanteur de l'eau d'un long tuyau à soupape L. On pourrait aussi avoir un tuyau montant M, dans lequel l'eau oscillerait à chaque fois que la vapeur arrive avec une forte pression dans le condenseur A; la vapeur D aurait d'autant moins de résistance sous le piston que l'eau, en sortant par tous ces moyens, agrandit en quelque sorte la capacité du condenseur A, qui alors lui offre moins de résistance. Pour connaître tout l'avantage de ces condenseurs il faut seulement savoir qu'il ne faut pas que toute l'eau soit à la même température dans un condenseur, car il est nécessaire que l'eau qui sort la première soit celle à la plus haute température ou qui est devenue inutile, et par conséquent qui n'est plus propre qu'à nuire ou à échauffer l'eau froide qui entre, la seule utile, afin qu'il reste toujours une quantité d'eau assez froide et assez grande pour condenser la vapeur qui est arrivée à l'autre extrémité du condenseur à la plus basse température.

FIGURE 11.

*Condenseur pour économiser l'eau d'alimenta-
tion dans les endroits où elle est très-rare,
soit pour servir dans les machines à vapeur ou
dans les distilleries.*

———

Pour cela on fait traverser les vapeurs A ou liquides à refroidir dans une infinité de longs
tuyaux d'un très-petit diamètre, pour être re-
froidis par un grand courant d'air B, qui arrive
ensuite au foyer de la chaudière C, qui en est le
moteur avec la hauteur de la cheminée; l'eau D
du condenseur pourrait aussi être refroidie par
l'effet de deux courans d'air B, E, ou bien tout
à la fois par un courant d'eau E et un courant
d'air B, qui entourent le tuyau d'eau ou de vapeur
A à refroidir, dont l'un intérieurement E et l'autre
extérieurement B. Le tuyau de vapeur A contient
dans son intérieur un tuyau d'air ou d'eau E,
qui forme une longue spirale, et tous les deux
sont contenus dans un autre grand tuyau d'eau

on d'air B, ou un mélange de l'un et de l'autre,
lequel tuyau forme aussi comme les deux autres
A, E une longue spirale verticale ou horizontale;
seulement, le deuxième ou tuyau à vapeur A a
d'un bout une très-petite tubulure F, pour pouvoir être emmanché dans le plus grand B, dont
l'inspection de la figure suffit pour faire connaître
comment ils sont réunis de manière à faire trois
longs tuyaux spirales emmanchés l'un dans l'autre.
L'air froid ou l'eau froide arrive à la sortie de la
vapeur B, et par conséquent au lieu de la plus
refroidie, pour pouvoir achever de la condenser
et en retirer l'eau, afin qu'elle serve de nouveau, et l'air humide qui sort à l'autre extrémité C sert ensuite très-bien au foyer; tandis que
l'eau R, qui sort et qui a condensé la vapeur, entre toute chaude dans la chaudière, aussitôt
qu'elle est sortie du tuyau spirale E; mais si au
contraire on veut refroidir l'eau de condensation
G, pour la refaire servir continuellement et alternativement dans le condenseur, on pourrait
la faire entrer dans le tuyau spirale A où nous fai-
sions sortir la vapeur C, et le courant d'air et d'eau
pour refroidir entre alors à l'autre extrémité B,
toujours pour que l'air le plus froid agisse sur

l'eau la plus refroidie; car s'il était un peu échauffé
ou qu'il fût entré par le même côté que l'eau
chaude C, il aurait bientôt acquis une température
qui ne lui permettrait plus de refroidir par gradation ou le plus possible. Par cette manière l'eau
de condensation refroidie tombe entre deux robinets S ou dans le condenseur G, qui est un cylindre vertical, pour remplir une infinité de petites cases H, que la vapeur I du condenseur est
forcée de traverser au moyen de petites calottes
renversées dont les bords J plongent dans l'eau
des cases; la vapeur I en arrivant avec force peut
faire sortir l'eau et l'air du condenseur au moyen
d'un robinet K, qui ne donne passage à la vapeur
au condenseur qu'après qu'une partie de la vapeur
a chassé dehors l'air et l'eau d'un tuyau L, entrés
l'une par en bas M et l'autre par un robinet N un
peu au-dessus, et qui ouvre et ferme alternativement. La pression de la vapeur dans le condenseur
pourrait aussi faire remonter de l'eau froide P dans
un tuyau Q par les oscillations qu'elle produit
au moyen d'un piston O de fer ou pesant et sans
tige, qui se mût dans un tuyau d'aspiration, lequel
piston est remonté par la force atmosphérique
sur l'eau T, lorsque la pression a un peu cessé dans

le condenseur G; l'eau du condenseur pourrait aussi faire agir une tige à deux pistons, en pressant sur le plus grand piston pour faire refouler l'eau à élever très-haut au-dessus de la chaudière au plus petit, et les pistons seraient remontés par un levier coudé et à poids; l'eau du condenseur pourrait aussi aller se refroidir dans une mare éloignée, elle arriverait chaude par un bout pour revenir froide par l'autre, dans un deuxième petit canal plus abaissé.

FIGURE 12.

Chaudière portative ou non, servant à volonté tout à la fois de machine à vapeur moteur de machines, et pour chauffer les appartemens éloignés, à cuire, blanchir, différens objets, etc. Elle sert aussi comme calorifère, et pour donner de l'air comprimé et échauffé à une haute température, pour aller chauffer des liquides ou les faire évaporer en les traversant, quelles que soient la direction et la distance où ils soient placés.

Le foyer, en brûlant dans l'air comprimé, dégage la plus grande quantité possible de calorique ; et l'azote, les gaz sortant du combustible, ainsi que la vapeur introduite par un tuyau au foyer, et qui n'ont pas bien brûlé, servent comme un troisième moteur très-puissant, ou pour aller chauffer des appartemens à de grandes distances, et dans toutes sortes de directions, au moyen de tuyaux seulement et sans cheminées. Lorsque le foyer

brûle ainsi dans l'air comprimé, toute espèce de
combustibles sont bons; ils brûlent toujours beaucoup d'oxigène; et les chaumes ou éteules, les
pailles de sarrasin, de maïs, les roseaux, les
joncs, etc., enfin tous végétaux desséchés et qui
ne sont pas très-propres à faire du fumier, y brûlent bien, ainsi que les fougères, les genêts, les
bruyères, etc., etc.; tous brûlent bien sans pouvoir
donner ni fumée, ni mauvaise odeur, tout en dé-
gageant beaucoup de calorique. Et si cependant
ces combustibles ne pouvaient donner une assez
haute température pour aller chauffer dés appartemens très-éloignés, ils chaufferaient de l'eau
qui, par sa pesanteur, sortirait du haut de la
chaudière pour aller les chauffer à de grandes
distances, et revenir ensuite de même au bas de
la chaudière. Cette eau chaude pourrait même y
servir de moteur, en entrant dans des caniveaux
au moyen de l'air ou de l'acide carbonique très-
comprimé. Enfin, la chaudière contient des cornues au-dessus du foyer, pour faire le coke, le
charbon de bois, cuire le pain sans fin ou sans
discontinuer, etc.; ou des grilles pour cuire la
chaux, le plâtre, le ciment, la brique, la tuile, la
poterie, etc.; le tout sans une plus grande dé-

pense de combustibles, et même avec beaucoup moins que pour les machines à vapeur ordinaires; car, puisque ces matières à cuire ou à chauffer développent de la chaleur et n'usent pas le calorique, qui les maintient à une certaine température au fur et à mesure qu'il se dégage, et qu'elles ne doivent pas le conserver après leur cuisson, il peut donc être employé un certain nombre de fois avant de se perdre dans l'atmosphère, en le forçant à traverser successivement différens autres corps à chauffer avant de pouvoir atteindre l'air atmosphérique; et comme ces objets à chauffer empêchent plus le rayonnement que l'air atmosphérique libre, il en résulte que la chaleur est plus concentrée, que les produits de la combustion brûlent mieux, donnent du calorique au lieu d'en dépenser, et s'échappent chauds par la cheminée, et que les principaux objets à cuire en dépensent beaucoup moins lorsqu'ils sont ainsi entourés d'autres objets qui empêchent le rayonnement.

Cette chaudière A horizontale est composée de deux cylindres emmanchés l'un dans l'autre, ou fondus ensemble avec traverses à courant B qui les fortifient de manière à n'en faire qu'un seul morceau, et le fluide arrive d'un bout entre

deux traverses, pour s'élever par l'autre bout entre deux traverses supérieures, de manière que le
tout ne forme qu'un long tuyau spirale sans être
sujet à aucun danger. (*Voy.* aussi ma *Mécanique
militaire*, où les chaudières cylindriques sont divisées intérieurement pour offrir plus de résistance avec une moindre épaisseur dans leurs
parois.) Mais si une seule traverse tournait en spirale C sur le pourtour du cylindre intérieur, pour
être après fixée au cylindre extérieur, le fluide
pourrait arriver par un bout D le plus éloigné du
foyer pour sortir à l'autre E, afin de chauffer par
gradation, de faire servir la chaleur décroissante
du foyer, et de sortir ainsi après dans l'endroit E
le plus échauffé avec la plus haute température
possible. Si c'est l'air atmosphérique qui arrive à
l'endroit le plus froid D de la chaudière, il sortira le plus chaud possible à l'autre E, et il donnera un bon calorifère ; et si, au contraire, c'est
de l'air comprimé, il servira à évaporer des liquides, comme nous avons déjà dit, ou il for-
mera un moteur à sa sortie par sa pression et sa
dilatation sous un piston ; et, si après cela il con-
serve encore assez de température, il pourra être
refoulé dans des tuyaux par le piston pour aller

chauffer des appartemens éloignés. Ceci est d'autant plus avantageux qu'il convient toujours, dans
tous les cas, d'avoir la plus haute température
pour dégager la plus grande quantité possible de
calorique, et qu'on utilise ainsi facilement après;
et si c'est de l'eau froide qui arrive à l'endroit de
la chaudière où la chaleur est déjà beaucoup di-
minuée D, elle abaisse encore considérablement
la température du courant de chaleur pour qu'il
en passe le moins possible par la cheminée; et
elle continue à chauffer par gradation jusqu'à ce
qu'elle soit arrivée au-dessus du foyer F, où se
fait le premier coup de feu; là, l'eau est refoulée
dans des tuyaux G du plus petit diamètre, comme
celui d'une presse hydraulique qui supporte à froid
une pression de plus de deux cents atmosphères
et sans danger. Ces tuyaux sont exposés isolément
immédiatement au-dessus du foyer, pour y être
aussi portés sans danger à la plus haute température, afin que l'eau aille se réduire en vapeur
dans les cylindres à piston, ou avant dans un petit réservoir construit pour cet effet. Ces tuyaux,
qui ne n'offrent pas de surfaces rayonnantes, non-
seulement chauffent en raison des surfaces qu'ils
présentent, et dont la grandeur et la force sont

proportionnellement plus grandes pour une même
capacité totale, que leur diamètre est plus petit;
mais encore, eu égard aux autres chaudières,
chauffent aussi en raison inverse des surfaces
rayonnantes, qu'ils n'ont presque pas; en sorte qu'un
très-petit faisceau de tuyau, à très-petit diamètre
sans surface non chauffée, est capable de la plus
haute pression, et peut donner des machines portatives de plusieurs centaines de chevaux, pour
servir aux charrois, aux labourage des terres,
comme machines de guerre défensives, etc.
(Voyez ma *Mécanique du feu* et ma *Mécanique
militaire*.) C'est une vraie folie que de chauffer
de grands tuyaux bouilleurs pour que le liquide
qu'ils contiennent aille après échauffer celui
d'une grande chaudière; car plus on a ainsi
chauffé l'eau de la chaudière, plus on lui a ôté
la possibilité de pouvoir absorber la chaleur du
foyer, puisque c'est le corps le plus froid qui en
absorbe le plus, et alors la plus grande partie de
la chaleur est forcée de s'en aller par la cheminée. C'est chauffer le liquide de plus en moins,
comme pour en avoir une grande quantité capable de danger; tandis que le bon sens indiquait
qu'il fallait au contraire le chauffer de moins

en plus, pour que ce soit le plus chaud qui aille toujours travailler ou se dépenser le premier ; mais comme il faut peu de calorique de plus pour élever à une haute température ou grande pression un liquide déjà très-échauffé, il en résulte qu'au moyen de nos petits tuyaux à courant qui n'ont pas ou presque pas de surfaces rayonnantes, on peut les chauffer fortement, et sans le faire pour ainsi dire au détriment de l'eau de la chaudière ; en sorte qu'on a, sans danger et sans plus de combustible, une machine à vapeur à une très-haute pression, où la vapeur agit en commençant comme moteur dans un cylindre à piston, et après pour aller chauffer des appartemens avec le restant de sa force de dilatation; ensuite, par sa pesanteur, l'eau de condensation de cette vapeur peut, avec un long tuyau incliné, porter la chaleur beaucoup plus loin que la vapeur elle-même; mais si on se sert d'un très-mauvais combustible incapable de pouvoir porter l'eau à une température assez élevée, même dans des tuyaux qui n'ont pas un pouce de diamètre; cette eau chaude pourra toujours être utilisée dans différentes manufactures, à différens usages, ou bien comme moteur, ainsi que nous l'avons ci-

devant expliqué, ou enfin la chaudière est sans
eau, pour ne chauffer que de l'air comprimé;
mais si le combustible est bon ou capable du féu
le plus intense, la chaudière doit être longue et
divisée en plusieurs parties I inégalement pressées
par le fluide, qui y est refoulé graduellement de
l'une à l'autre par un piston, comme dans l'ouvrage sur les *Nouvelles machines à vapeur*, afin
de faire servir la chaleur décroissante du foyer,
et aussi pour avoir de ces mêmes parties, au
moyen de tuyaux H à robinet, du fluide des gaz
à différentes températures, pour les différens
travaux à faire, ou endroits plus ou moins loin à
chauffer; et à différentes distances, dans ce long
courant de chaleur, sont des hausses-qui-baisses
placées haut et bas pour l'amincir et le diviser,
et lui donner plus de points et de contacts en le
rendant sinueux, et cela sans rendre la chaudière
difficile à dégorger; car les rayons calorifiques ne
chauffent bien que par réfraction; aussi les rayons
du soleil traversent-ils l'atmosphère sans l'échauffer. Le combustible étant ainsi de première qua-
lité, la première partie K de la chaudière qui contient le foyer peut avoir un plus grand diamètre
que les autres I, et être recouverte d'une deuxième

chaudière L, qui empêche le rayonnement tout en donnant du fluide qui acquiert un certain degré de chaleur pour alimenter le fluide plus échauffé des autres parties ; l'intérieur de la première partie de la chaudière pourra être tapissé de terres ou briques réfrangibles M, si au-dessus du foyer on fait distiller ou cuire différens objets qui demandent une très-haute température, tels que des cornues N pour cuire le pain, sans discontinuer, ou bien toute autre chose, pour faire du coke ou du charbon de bois, etc. Les gaz produits par la distillation pourront, par un tuyau à soupape O, revenir brûler au foyer ; ce tuyau passant dans celui à courant d'air P qui entraîne les gaz sous la grille du foyer, on voit que par cette manière la fumée qui pourrait s'élever dans une capacité au-dessus d'un foyer quelconque peut revenir traverser le foyer pour y être brulée au moyen d'un tuyau dont le courant serait donné par l'air qui arrive sous la grille du foyer ; mais on peut aussi, par les moyens ordinaires, faire servir à l'éclairage les gaz dégagés du charbon de terre, et ceux du bois carbonisé, à faire du vinaigre, du goudron, etc. ; et comme les cornues N n'ont presque pas de surfaces rayonnantes, on a en bénéfice

net pour la chaudière à vapeur tout le calorique
que peut dégager l'action de la carbonisation ; on
pourrait même faire tomber les matières carbo-
nisées, pour les refroidir, dans une chaudière Q
inclinée et à tiroirs, formée par un double cylindre dont l'entre-deux R, qui les sépare, renferme de l'air comprimé qu'elles échaufferaient
pour le faire servir de moteur ; et au fur et à
mesure que les matières tomberaient entre les tiroirs S, de l'eau, entre deux robinets T, viendrait
injecter pour les refroidir, et donner encore une
forte vapeur qui servirait de même comme moteur
sous un piston ; les matières ainsi refroidies et
tombées au fond de la chaudière, entre deux autres tiroirs U, seraient facilement retirées par tous
les moyens publiés dans tous mes autres ouvrages.
Une grille V peut aussi être placée immédiatement au-dessus du foyer F pour supporter des
matières calcaires qui donnent de la chaux, même
en économisant le combustible ; car ces matières
composées de corps comburans ou combustibles,
portées à une très-haute température, doivent dégager une grande quantité de calorique en même
temps qu'elles donnent une combustion complète
à tous les gaz du foyer qui s'élèvent pour les tra-

verser. Les matières calcaires, les cimens, les minerais cuits ainsi économiquement pourraient
donner naissance à des manufactures d'objets en
pierre factice, qui rendraient de grands services,
et toutes ces matières seraient beaucoup plus employées dans les arts, et surtout la chaux et le plâtre pour les engrais, si les foyers servaient ainsi en
même temps de moteur pour tous les travaux nécessaires à leur confection.

D'après ce principe, il serait également bon
qu'immédiatement après un foyer quelconque, on
construisît un passage assez étendu pour les produits de la combustion du bois ou du charbon, au
moyen de terres ou briques réfrangibles ; criblées
de trous d'un très-petit diamètre, leur surface toujours rouge pourrait brûler jusqu'à une grande
partie de l'azote, qui brûle à 5oo degrés. La chaux
étant cuite, elle peut être mise toute chaude dans
la chaudière inclinée Q et à tiroirs S dont nous
avons déjà parlé, mais sans eau pour y échauffer
l'air comprimé ; étant refroidie, elle peut être
transportée partout pour servir, comme tous les
faibles combustibles, à chauffer, cuire différentes
substances qui n'exigent pas une haute température, et même encore comme moteur avec l'air

comprimé; et tout cela sans rien perdre de ses autres propriétés, puisqu'elle ne peut être employée que pulvérisée ou amortie, seul moyen aussi de pouvoir la conserver long-temps pour faire les mortiers, et même de la transporter au loin sans danger. Voici les moyens de s'en servir dans ce dernier cas. On se sert encore de la chaudière inclinée Q et à tiroirs, entre lesquels on fait entrer la chaux par petites parties, ainsi qu'une certaine quantité d'eau au moyen de deux robinets T, de manière que la chaux s'échauffe au point d'enflammer une allumette; en sorte que cette chaleur soit capable de cuire, et chauffer différens objets, ou bien de chauffer de l'eau ou de l'air comprimé qui se trouve entre les deux cylindres, afin de les faire servir comme moteur, ou autrement au chauffage, etc. La partie d'eau introduite qui ne s'est point coagulée avec la chaux est évaporée à un haut degré de chaleur, et cette vapeur peut encore servir comme moteur par sa pression et sa dilatation sous un piston ; après quoi elle peut être refoulée par le piston sous la grille d'un foyer pour y être brûlée, et développer une grande quantité de calorique ; car l'hydrogène, qui brûle à 300 degrés, dégage trois fois plus de calorique que le meilleur charbon, et exige beaucoup moins d'oxigène pour sa combustion, qui produit le feu le plus intense. Pour bien apprécier l'utilité de la chaux comme combustible, il faut seulement savoir qu'elle met en ébullition quatre fois son poids d'eau; et après être ainsi amortie elle peut se conserver, recouverte seulement avec du sable, pendant un grand nombre d'années; le foyer F peut brûler dans l'air très-comprimé par un piston, et le combustible y entre sans employer de force, au moyen d'une trémie X à deux tiroirs placée au-dessus, et on en retire les cendres de même par une autre fixée au-dessous ou sur le devant Y, ainsi que je l'ai déjà expliqué dans tous mes ouvrages, et principalement dans ma *Mécanique du feu*. Comme le principe calorifique est le plus apporté par l'air, puisque dans nos feux ordinaires nous dépensons vingt ou trente livres d'air pour pouvoir en brûler seulement une du meilleur charbon, on doit se faire une idée de l'avantage qu'il y a de brûler le combustible dans l'air très-comprimé et où la vitesse du courant est à volonté, sans perte de chaleur; ce feu le plus intense, comme celui des hauts-fourneaux, permet de faire servir l'eau comme combustible, ainsi que toutes autres matières qui sont composées de même d'hydrogène et d'oxigène ou autres corps comburans et combustibles placés sur une grille au-dessus du foyer. L'air arrive au foyer par deux tuyaux, l'un *a* sous la grille au-devant du foyer, et l'autre *b* immédiatement après ou sur le derrière, dans le courant formé par les produits de la combustion, afin d'y apporter l'oxigène nécessaire pour les faire enflammer; et le courant de vapeur ou d'eau vient brûler par un autre tuyau *c* au milieu du foyer, à l'endroit où la chaleur est le plus concentrée, pour que la vapeur soit à l'instant décomposée et brûlée. L'azote et les autres produits de la combustion qui n'ont pu ou qu'on n'a pas voulu faire bien brûler, iront agir comme moteur sous des pistons comme de la vapeur, avec toute la densité et la température voulues. Ces produits agiront avec une grande densité et une basse température, si la chaudière est longue *d* et chauffée par gradation, ou bien encore si elle est simple et courte *e*, en faisant entrer beaucoup plus de vapeur que le foyer n'en peut brûler, et même aussi en donnant le courant d'air trop fort; mais ces produits agiront sur les pistons avec la plus haute

température, si la chaudière est très-courte, et
qu'on n'y fasse entrer strictement que la quantité,
la plus avantageuse d'air et de vapeur que requiert la nature du combustible employé ; et
moins la chaudière et la contre-chaudière seront
grandes pour le foyer, ou moins elles contiendront
d'eau, plus le feu sera violent, et moins les produits de la combustion conserveront de densité ;
mais ayant plus de température, leur pression ne
sera pas moins grande sous le premier piston, mais
bien seulement leur dilatation dans les autres
cylindres à pistons, et si la densité est moindre
parce que les gaz ont mieux brûlé, le calorique
qu'ils ont ainsi dégagé donne plus de vapeur aux
chaudières ; en sorte qu'au résultat il y a toujours
avantage d'avoir de courtes chaudières qui donnent le feu le plus intense, ou bien de les avoir
longues, mais chauffant par gradation pour pouvoir donner un feu violent. Lorsqu'on pourra
se procurer ainsi économiquement des liquides
et des fluides ou gaz très-échauffés, on les en-
verra travailler à toute sorte de choses ; les uns
à blanchir le linge, à vaporiser, distiller, cuire,
chauffer, etc., et les autres, tels que l'air brûlé et
sale, à chauffer, cuire, et comme moteur, etc. ; enfin

ces chaudières portatives, établies dans les lieux les plus convenables, serviront comme moteur pour extraire mécaniquement et pulvériser les pierres, les terres et les minerais qu'elles doivent faire cuire ou brûler, ou bien encore pour manipuler tous les objets que ces matières doivent former; car la force qui ne coûte ainsi presque rien peut toujours être employée à tout ce qui en requiert, avec un très-grand avantage. Ces chaudières à traverses à courans, où le feu brûle ainsi intérieurement, présentent la plus grande force pour être sans danger, car l'expérience prouve que le feu ne fait même pas sauter les fourneaux en maçonnerie, des foyers brûlant dans l'air comprimé qui donne le feu le plus intense, tels que les fourneaux de fonderie, etc., tandis que nos chaudières peuvent être construites d'une force presque idéale; le cylindre extérieur f peut être en fonte et d'une épaisseur voulue, il donnera encore moins de rayonnement, et celui intérieur g peut être construit en arc entre les traverses B, pour que le fluide presse dans ces sortes de petits tuyaux comme sur une voûte, afin de pouvoir donner une grande force à ces parois avec peu d'épaisseur, et la chaudière d'enveloppe h étant

toujours pleine de fluide, le tout ne fait en quelque sorte qu'un seul morceau ; des soupapes de
sûreté sont aussi adaptées aux deux fonds de la
chaudière intérieure pour limiter la pression de
l'air brûlé, et aux extrémités entre ces chaudières
pour maintenir sans danger les liquides ou les
gaz qu'elles renferment. (*Voy.* aussi ma *Mécanique militaire.*)

FIGURE 13.

*Autre chaudière portative pour servir aux mê-
mes usages que la précédente.*

———

Cette chaudière horizontale est composée de
deux cônes emmanchés l'un dans l'autre; mais
elle est divisée intérieurement A en deux parties
par une retorque ou cornue B dans laquelle
chauffent ou cuisent les différentes substances
dont nous avons parlé, ce qui donne un long courant de chaleur C, quoique la chaudière soit
très-courte. Cette retorque B est de forme ovale
pour présenter plus de surfaces chauffantes, et
pour en laisser aussi davantage à la chaudière
intérieure sur les côtés; la retorque peut être une
chaudière à robinet D au bas, et goulet E en haut,
mais un peu inclinée en avant, dans laquelle on
distille ou on fait évaporer un liquide quelconque, et elle peut être aussi remplacée par une
grille, pour faire cuire les pierres calcaires, etc.,
comme on l'a ci-devant expliqué; le foyer F pour-

rait se trouver sur la grille, au milieu de la chaudière intérieure, pour faire cuire des objets placés
sur une autre grille au-dessus, afin que le courant
de chaleur vienne au-dessous de la première grille
G pour y faire cuire d'autres objets qui sont
placés à cet endroit sur une troisième grille, et
sous laquelle revient le courant de chaleur, pour
passer ensuite sous la chaudière H, avant d'arriver à la cheminée I, qui alors est sur le derrière de la chaudière en J.

FIGURE 14.

Chaudière de machines à vapeur servant à volonté à carboniser la houille, le bois et la tourbe, en brûlant les produits de la combustion ou de la distillation. Elle sert aussi de fonderies et de forges à griller les minerais, à cuire les pierres calcaires et différens objets; le tout avec beaucoup moins de combustible que pour les machines à vapeur ordinaires.

CETTE machine est composée de deux chaudières à traverses à courans, pour offrir peu de danger; l'une A est verticale, et l'autre B horizontale, placée au-dessus de la première; celle verticale est tapissée intérieurement de terres ou briques réfrangibles C, pour servir de fourneau de fonderie et de forge; il y a au bas une ouverture pour le passage de l'air D, et une autre pour la sortie de la fonte E, et au milieu une porte ou deux K par où sort et entre le fer à forger, qui peut traverser la chaudière de part en part,

pour forger de longues pièces ; mais l'extrémité
supérieure F est réunie par un bout à la chaudière horizontale, pour l'entrée G du combustible et de la matière à fondre ; le courant de chaleur, en sortant de ce fourneau A, se fait dans
toute la longueur de la chaudière horizontale
B avant d'entrer dans la cheminée H, ou bien
avant de revenir en dessous I de la chaudière, si
elle est courte et d'une seule partie, pour ne pas
chauffer par gradation ; ou bien encore ce courant de chaleur entre dans une autre chaudière
J, dont les objets à chauffer ou à cuire demandent un moindre degré de chaleur ; enfin, si le
combustible et les matières à fondre sont intro-
duits par une trémie à tiroir L, le courant de
chaleur peut aller agir comme moteur, sous des
pistons, ou pour chauffer ensuite des appartemens, ou bien seulement il chauffe l'eau de l'a-
limentation de la chaudière, dans laquelle il est
refoulé ; mais dans la chaudière horizontale, un
chariot M en fonte, ou deux à la suite l'un de
l'autre, mus par deux cabestans ou par un seul
N avec chaîne et poulie de retour O, pourraient
glisser d'un bout P à l'autre Q en portant des
pierres calcaires, des minerais, tuiles, briques,

potéries, etc.; et lorsqu'on ne fond pas, la chaudière verticale A pourrait aussi être remplie des
mêmes matières, avec le combustible placé au-
dessous dans les deux chaudières; et les matières
cuiraient sans discontinuer par gradation dans
le cylindre chaudière horizontal, en ce que un
chariot R entrerait près la cheminée au fur et
à mesure que l'autre M sortirait au-dessus du
foyer; le chariot, en sortant, pourrait même entrer dans une autre chaudière S placée à l'extrémité du foyer, afin d'y faire chauffer de l'eau ou
de l'air comprimé, etc., par la chaleur des matières cuites qui sortent du foyer pour se refroidir dans cette dernière chaudière. On pourrait
emplir les deux chaudières A B de houille pour
faire du coke, de bois ou de tourbe à carboniser, en bouchant l'entrée et la sortie de l'air,
afin de donner à volonté le courant le plus avantageux pour cet effet, et les gaz dégagés par la
combustion ou carbonisation pourraient aller
brûler sous le foyer T d'une troisième chaudière
servant à distiller et à évaporer, etc.; enfin on
pourrait supprimer la chaudière verticale A, et
les chariots de la chaudière horizontale suppor-
teraient les matières à carboniser, auxquelles on

mettrait le feu par un bout où arrive l'air U.
Ces chariots, ainsi faits en forme de grille, pourraient aussi supporter des creusets V remplis de
métal à fondre avec le charbon tout autour pour
les chauffer; ils chaufferaient par gradation, et
ceux bons à écumer se trouveraient toujours sur
le devant V de la chaudière, à mesure qu'on retire le chariot; on pourrait encore à cet endroit
mettre un foyer sous le chariot, qui alors pourrait porter une moins grande quantité de charbon; les minerais à griller, et toutes les autres
matières différentes à cuire, pourraient être placés avec une certaine quantité de charbon sur
le chariot, et le reste mis au-dessous dans la
chaudière sur une autre grille, mais fixe; en
chauffant ainsi par gradation, les matières né-
cessiteraient bien moins de combustible que par
les manières ordinaires, et tout le calorique dégagé pourrait recevoir plusieurs applications
avant de se perdre dans l'atmosphère, et même
jusqu'à la chaleur des matières cuites, qui peut
être utilisée dans une chaudière horizontale ou
inclinée, comme il a déjà été expliqué; leur refroidissement, pour celles qui ne doivent pas recevoir d'eau, pourra se faire promptement par

un grand courant d'air dans la chaudière S, ou
bien par un grand courant d'eau froide dans les
tuyaux à travers les spirales que forme cette
chaudière; en sorte que par tous ces moyens on
puisse, avec peu de combustible, avoir la force
et la chaleur nécessaires à la confection des métaux précieux et autres, avec moitié moins de
dépense, pour qu'ils mettent à même de tout
produire abondamment et à bon marché.

FIGURE 15.

Autre chaudière à vapeur servant à tous les usages précédemment expliqués, et ensuite à un grand nombre de forgerons, fondeurs, etc., travaillant tous à la fois à la confection de différens objets.

CETTE chaudière à traverses à courans est formée d'un cercle ou canal circulaire A qui forme les trois quarts d'une circonférence, mais elle est un peu ouverte de côté B ou intérieurement tout autour par une longue ouverture et étroite, et les enclumes sont aussi placées intérieurement autour du point concentrique C; la partie qui est ouverte B est fermée avec une grande quantité de petites portes E placées à côté l'une de l'autre, et que l'on ouvre et ferme chaque fois que les creusets à fondre T ou le fer à battre le requièrent; ils sont mus par un levier horizontal G armé de tenailles, lequel glisse dans un arbre vertical H placé comme une grue au

(59)

centre de rotation C, où se trouvent les enclumes,
et le fer ou les objets à fabriquer peuvent être
travaillés par la force de la vapeur de la chaudière A ; cette chaudière courbe est tapissée intérieurement de terres ou briques réfrangibles I,
et l'air comprimé arrive sous les foyers des creusets ou forges par des tuyaux J qui parcourent
tout le long de la chaudière ; ou bien ces tuyaux
sont extérieurement, et donnent à chaque foyer
l'air qui y convient, au moyen de petits tuyaux
à robinets K. Au lieu de creusets, cette chaudière
pourrait porter plusieurs cornues L, les unes au-
dessus des autres, soit pour cuire le pain sans fin,
le biscuit, etc., ou bien pour carboniser les différens combustibles ; ou enfin ces cornues, avec robinet et tuyau M, servent de chaudière à distiller,
vaporiser, etc. Mais en bouchant le cercle ouvert B par un rang de briques pour ne laisser de
distance en distance que de petites ouvertures
par où passe le combustible qui tombe sur la
grille N, la chaudière pourra être remplie de
briques, tuiles, pierres calcaires, poteries, etc., à
cuire, et le courant de chaleur pourra revenir au-
dessous O de la chaudière, pour retourner au-dessus P avant d'entrer dans la cheminée, ou encore,

il entre dans une deuxième chaudière Q, etc. Cette
chaudière A pourrait aussi être en ligne droite,
ainsi que les enclumes; le reste est comme ci-devant. Personne n'ignore qu'il y a plusieurs mil-
liers d'objets métalliques qui pourraient être con-
fectionnés en un instant, les uns par une-seule
chauffe, les autres par deux, trois, etc., selon leur
grandeur, au moyen de presses en forme de
moules saillans et rentrans ; ce qui économise-
rait tout à la fois le temps et le combustible, tout
en donnant un travail plus régulier que par les
manières ordinaires. Mais au moyen de la vapeur
de la chaudière, employée, même par toutes les
manières connues, dans un cylindre à piston, ne
peut-on pas presser toutes sortes d'objets avec la
plus grande célérité et toute la force voulue, sans
aucun danger, quelle que soit la pression de la vapeur basse ou haute température ; car il ne faut
toujours que proportionner, pour cet effet, la
grandeur du piston avec la presse que porte l'extrémité de sa tige ; on adapte au cylindre à piston et à la chaudière les soupapes de sûreté, qui
conviennent pour limiter aussi la haute pression
de la vapeur et celle des objets à presser. Cette
presse sera simple, si le piston est à simple effet,

et la vapeur pourra agir à basse pression et condensation, ou bien à haute pression avec dilatation et condensation, ou non ; elle sera double,
verticale ou horizontale, si la vapeur agit sur un
piston à double effet, et dont la tige traverse les
deux fonds du cylindre à piston pour porter les
deux presses ; elle sera quadruple si l'on fait
ensuite agir la dilatation de la vapeur dans un
deuxième cylindre à très-grand piston, pour
avoir toujours la force désirée ; enfin la vapeur
d'une même chaudière peut servir à la fois à un
grand nombre de presses économiques, servant
à la confection de toutes sortes d'objets, que les
presses ordinaires ne pouvaient pas faire, à cause
de la grande dépense de force à laquelle elles
sont sujettes ; on arrête les presses avec des coins
ou des vis, pour que les objets restent pressés
aussi long-temps qu'on le désire, sans être obligé
de maintenir le feu sous la chaudière ; il est inutile de dire que l'air comprimé, chauffé ou brûlé,
peut servir comme la vapeur ; on pourrait même
faire presser par une partie de l'eau de la chaudière qui s'élève par la pression de la vapeur, et,
au moyen d'un tuyau à robinet, on rétablit la
pression de la vapeur sur l'eau élevée, pour qu'elle

reprenne son niveau dans la chaudière, après quoi on lâche cette vapeur pour qu'elle aille se condenser. L'air ou la vapeur peuvent aussi aller presser l'eau d'un petit réservoir pour le faire entrer, par un tuyau à soupape, sous la presse ; cette eau, qui finirait par s'échauffer par une manœuvre souvent répétée, n'affaiblirait pas beaucoup la force de ces gaz ; ils pourraient être employés à comprimer de l'air par l'eau, pour le faire servir ensuite dans un temps voulu ; enfin, avec peu de feu et des tuyaux à très-petit diamètre, on peut laisser fortifier la vapeur pendant un temps, pour la mettre toujours à même de faire différens travaux dont maintenant on ne se doute même pas.

FIGURE 16.

Autre chaudière circulaire et à vapeur servant aux mêmes travaux que les précédentes, mais chauffant les matières par gradation.

————

Au centre de rotation se trouve un arbre A en forme de grue, avec des rayons ou des bras C qui supportent un cercle en fonte B, et sur lequel reposent une infinité de creusets pour fondre des métaux, ou bien des tenailles pour faire rougir les pièces de fer à forger ou à travailler ; le combustible est placé d'un bout E dans la chaudière sur la grille, à une assez grande profondeur, et au-dessus du cercle B, qui porte les creusets ou tenailles, sont placés, sur une autre grille F, différens objets à cuire ou à griller ; on fait tourner le cercle à l'encontre du courant de chaleur, pour qu'au fur et à mesure qu'il sort des objets fondus ou chauffés G, il en entre d'autres H qui sont froids, pour se chauffer aussi graduellement comme les premiers, en faisant tourner l'arbre A chaque fois qu'il y en a qui sont bons à sortir, et les fers à manipuler viennent ainsi successivement avec le cercle B se présenter sur l'enclume. Ce cercle grue pourrait aussi porter le charbon sous une grille I, et des matières à cuire sur une autre grille J placée au-dessus de la première. La chaudière et le cercle porteraient chacun un petit canal K rempli de cendres ou de sable, au milieu desquels circuleraient des bandes de tôle L, pour ôter toute issue au courant de chaleur. La chaudière peut aussi être composée de plusieurs parties M, pour chauffer le fluide par gradation, et le courant de chaleur revient par-dessous N la chaudière, ou bien il monte aussitôt dans la cheminée O, et en faisant tourner le cercle les matières cuites P ou chauffées pourraient entrer dans une autre chaudière Q, pour y être refroidies, en la chauffant par gradation, étant également divisée pour cet effet.

FIGURE 17.

Autre chaudière circulaire en arc de cercle propre aux travaux précédemment expliqués, et servant en sus à distiller les liquides, vaporiser, etc.

LA chaudière A est mobile et fixée par des rayons à l'arbre grue B; en tournant, elle s'appuie encore sur des rouleaux C qui sont fixés à terre ou à la chaudière; elle peut porter les matières à cuire sur une grille D, qui est fixée à la chaudière, avec portes de côté E pour le passage du combustible, afin que le tout tourne avec elle, ou bien elle tourne au-dessus des foyers F qui sont fixés à terre. Les matières à cuire D pourraient rester fixes au-dessus des foyers qui reçoivent le combustible au-dessous, et la chaudière seule tournerait. La cheminée G est fixée à la chaudière A, ou bien à terre. Par un passage en dessous H, et les bords de la chaudière, circulent des canaux de cendre ou de sable I, qui

empêchent l'entrée de l'air et la sortie du courant de chaleur. Les fluides ou vapeurs qui sortent de la chaudière arrivent par des tuyaux J
dans un autre tuyau K au-dessus de l'arbre
grue B, lequel tourne à frottement doux dessus
ou dans un tuyau fixe L placé au centre de rotation pour conduire les gaz aux endroits désirés M, et au milieu de ce dernier tuyau se
trouve encore, de même à frottement doux un
petit tuyau tournant N qui reçoit le liquide
d'un autre O qui est fixe, pour les porter au
fond P de la chaudière.

FIGURE 18.

Autre chaudière circulaire, pour servir aux travaux ci-devant indiqués.

LA chaudière A peut être fixe, avec la matière B à cuire ou à chauffer qu'elle contient; et la grille C seule, fixée à l'arbre grue D qui porte le combustible, est mobile, et tourne ainsi au-dessous de la chaudière sur roulettes; la grille E, chargée de charbon F, pourrait supporter les matières à cuire G au-dessus, placées sur une autre grille H; le tout serait suspendu au bras I de l'arbre grue, au moyen de tiges de fer J qui traverseraient une ouverture ou canal circulaire K, pratiqué à l'extrémité supérieure de la chaudière, et deux petits canaux L de cendre ou de sable empêcheraient le courant de chaleur de sortir par cet endroit, ou bien le tout peut être supposé renversé, pour être supporté sur les bras M de l'arbre grue N, qui portent des roulettes O à leurs extrémités, ainsi que les tuyaux des cornues P,

5.

qui pourraient être placées au-dessus du foyer ou
de la grille Q; enfin, il peut y avoir deux arbres
grues l'un au-dessus de l'autre, dont l'un R supporte les matières à cuire S, et l'autre la grille T
et le charbon; et ils sont indépendans pour tourner l'un à droite et l'autre à gauche, selon le besoin; le reste est comme ci-devant.

FIGURE 19.

Autre chaudière courbée en forme de cercle concentrique.

———

CETTE chaudière A a la forme d'une demi-circonférence ; le cercle grille B, qui supporte le charbon ou les matières à cuire, est fixé à un fort rayon C adapté à l'arbre grue D, et ce cercle est encore supporté sur des rouleaux E dans la chaudière et extérieurement ; le rayon C fait entrer dans la chaudière une moitié F du cercle grille, en le tournant à droite, et l'autre moitié G en le retournant à gauche ; en faisant sortir l'autre on pourrait même faire tourner le cercle par un mouvement circulaire continu, mais sans l'arbre grue. Il est inutile de dire que quand ainsi la vitesse dans les mouvemens n'est pas nécessaire, un seul homme, au moyen de crics, poulies ou autres rouages, peut toujours faire mouvoir ces machines dans le temps désiré, lorsque la chaudière n'est point employée comme moteur pour donner la force nécessaire à cet effet; la chaudière A pourrait être en ligne droite, verticale ou inclinée, et les matières à cuire descendraient dedans continuellement par un chapelet ou un noria en fonte de fer, lequel serait dirigé par deux rouets placés haut et bas pour cet effet; le chapelet descendrait au bas, devant une haute et courte grille qui recevrait le combustible par une trémise à deux tiroirs.

FIGURE 20.

*Autre chaudière à vapeur faite en arc de cercle,
où les objets cuisent et chauffent par gradation.*

———

DANS cette chaudière, le foyer A peut être
fixe on mobile, et des cornues placées l'une sur
l'autre B propres à distiller les combustibles, ou
les liquides sont fixées sur un cercle C supporté
par l'arbre grue D; ces cornues B sont aussi très-
propres pour cuire le pain, le biscuit, etc. ; il
y a aussi des canaux E de cendre au cercle et
à la chaudière pour maintenir le courant de
chaleur dans la chaudière ; les tuyaux à robinets
F, qui conduisent les gaz produits de la carbonisation ou de la distillation, s'emmanchent au couvercle G des cornues, avec vis et écrous, dans
des sens verticaux et horizontaux pour pouvoir
tourner de tous côtés ; ils se joignent ensuite à
différens cercles ou tuyaux H fixés à l'arbre grue
D, et qui correspondent à des cercles I, fixes, placés au-dessus d'eux, dans lesquels ils tournent à

frottement doux, et ces tuyaux fixes conduisent les gaz aux endroits désirés J. Les cornues K pourraient aussi rester fixes, et le foyer L seul serait mobile; ou bien le tout peut encore rester fixe, si on ne chauffe pas toutes les cornues K par gradation; enfin les cornues peuvent être fixées à la chaudière M qui tourne sur les foyers N qui sont fixes.

FIGURE 21.

Chaudière à vapeur à carboniser et à distiller, etc.

CETTE chaudière A à vapeur est formée de plusieurs cylindres horizontaux B emmanchés l'un dans l'autre, et entre lesquels circulent les cornues C supportées par un arbre horizontal D ; le foyer E est placé dans une cavité formée au-dessus de la chaudière intérieure F qui est fixe, et la chaudière extérieure B peut être fixe ou mobile ; étant fixe, les cornues C circulent ensemble, l'une à la suite de l'autre, au-dessus du foyer E, et dans tout le courant de chaleur F, seulement deux ou trois cornues G passent toujours à frottement doux entre la cheminée H et le foyer, pour forcer le courant F à tourner tout autour des chaudières et des cornues avant d'arriver à la cheminée : mais à chaque cornue I, arrivée au-dessus du foyer E, on fixe un tuyau J à gaz, ou bien ces tuyaux à robinet K sont toujours fixés

aux cornues pour venir joindre un tuyau com-
mun L, fixé dans l'arbre de rotation M, lequel
arbre tourne à frottement doux autour d'un canal ou tuyau renversé N qui conduit les produits partout où besoin est O; le foyer P peut
être pratiqué au bas de la chaudière extérieure Q
qui est fixe, et la chaudière intérieure R tourne
avec toutes les cornues S supportées par l'arbre
de rotation T; elles sont fixes ou à demeure ou
postiches dans le cercle U ou plateau tournant
fixé à l'arbre ; mais pour diriger le courant X à la
cheminée V, ou sous la chaudière, à chaque fois
qu'on fait tourner le cercle, on pousse et on retire des tiroirs Y entre les cornues.

FIGURE 22.

*Fourneau ordinaire à cuire sans fin et à va-
peur, servant à fondre les minerais, à cuire le
plâtre, la chaux, des briques, dont celles assez cuites servent aux constructions extérieures, les autres aux murs de refend, et celles
trop cuites et informes à faire du ciment, etc.
La vapeur peut être employée, à des distances
éloignées, à l'extraction et aux charrois des
minerais, à les laver et concasser, à extraire
et briser les pierres à chaux et à plâtre, pour
nécessiter moins de combustible, à tous les travaux des terres pour faire la brique, et ensuite
à pulvériser le ciment.*

L'INTÉRIEUR A de ce fourneau est maçonné en
briques réfractaires, à la manière ordinaire ; mais
à une certaine distance, cette maçonnerie est entourée de tuyaux verticaux B ou horizontaux C
et à courant, pour que l'eau de ces tuyaux vienne
se réduire en vapeur dans des réservoirs D,
de manière que le fourneau présente peu de rayon-

nement, et par conséquent plus de chaleur, sans augmentation de combustible. On tient les tuyaux d'une grandeur désirée et à la distance voulue du foyer E, selon la température qu'on désire donner à l'eau qu'ils contiennent. Une chaudière horizontale F et à traverses, formée de deux cylindres emmanchés l'un dans l'autre, est placée au-dessus du fourneau A pour que la chaleur qu'il dégage soit forcée de passer par cette chaudière avant d'arriver à la cheminée G. On pourrait y mettre un foyer H pour mieux brûler tous les produits de la combustion du fourneau A, et les matières avec le combustible sont mis par une porte I sur le fourneau, au moyen d'une pelle de fer J supportée par une longue corde attachée à un bout dehors fixé à un poteau. La chaudière horizontale, pour n'avoir qu'une petite partie K à haute pression, et faire servir la chaleur décroissante du courant, peut être divisée en plusieurs parties L, en sorte que celles vers la cheminée M soient les moins échauffées, pour prendre plus de chaleur et en laisser moins sortir par la cheminée qui donne un plus grand courant d'air que par les manières ordinaires ; cette chaudière F pourrait aussi contenir un chariot

grille qui supporte des matières à cuire, à chauffer ou à sécher, etc. Enfin cette chaudière pourrait être mobile avec la cheminée, et supportée
sur un arbre grue N et sur roulettes O, pour servir alternativement à plusieurs fourneaux. Elle
pourrait même être double pour servir à deux
fourneaux à la fois diamétralement opposés. Au
centre de rotation le tuyau P par où sort la vapeur, et celui Q par où l'eau entre dans la chaudière, sont emmanchés l'un dans l'autre pour
tourner à frottement doux dans deux autres
tuyaux R, mais fixes, placés au-dessus des
premiers.

Il faudrait faire des expériences pour la meil-
leure construction de fourneaux; nous croyons
déjà que pour avoir la plus haute température
possible d'un foyer dont la grandeur est déterminée, il faut que le combustible brûle dans un
foyer sphérique ou cylindrique, ayant le diamètre égal à sa hauteur, et toujours rempli de combustible qui est constamment traversé par un
courant d'air très-comprimé, dont la quantité la
plus avantageuse pour chaque différent combustible est déterminée par l'expérience ; cet air arrive à l'endroit le plus abaissé pour sortir au plus

élevé, afin de bien traverser tout le combustible,
et dont la totalité doit être donnée par petites
portions au moyen d'une trémise à tiroirs, pour
être toujours en ignition. Il est certain qu'un tel
foyer, entouré par un mur de terres ou briques
réfractaires, renfermé dans une chaudière ou
deux, présentera la moindre quantité de surface
rayonnante possible, relativement à la quantité
de combustible, de vapeur et d'air comprimé
qu'il peut brûler dans un temps donné; de manière que, perdant la moindre quantité possible
de calorique, et en produisant le plus possible, l'intérieur ou le milieu de ce foyer portatif ou non,
où la chaleur est ainsi concentrée, pourra donner
une intensité capable de produire en petit tous
les effets ou travaux des grands fourneaux qui
exigent de grands capitaux et emplacemens, et
où la chaleur ne peut être aussi facilement utilisée plusieurs fois avant de se perdre dans l'atmosphère; tandis que ces petits foyers portatifs
peuvent être employés partout et pour tout, faisant servir sans perte de chaleur la haute température pour les opérations qui l'exigent, et la dégradation de cette chaleur, qui est devenue plus
volumineuse sans doute dans la proportion du

carré des distances, doit servir aux objets qui puissent la requérir simultanément, jusqu'à ce qu'elle soit presque réduite à la température de l'atmosphère, soit en lui faisant chauffer par gradation les objets qui demandent une haute température, soit en formant des moteurs au moyen de la vapeur et de l'air comprimé; en sorte que par tous ces principes on produise une fois plus de résultat avec une fois moins de dépense de combustible que par les moyens ordinaires, tout en obtenant en sus de la force une fois plus qu'il n'en faut pour pouvoir presque tout confectionner mécaniquement, de manière que les hommes n'aient presque plus besoin de travailler à aucun travail pénible du corps. Voilà pourtant tout ce qu'on a droit d'attendre, rien que du combustible seulement mieux employé. Tous les combustibles trop légers, provenant des végétaux, peuvent être divisés et amalgamés mécaniquement avec des terres et des pierres pulvérisées, composées de matières comburantes et combustibles qui abondent partout dans la nature, pour être placés au dessus des foyers très-intenses qui brûlent dans l'air comprimé afin de faire dégager avec économie la plus grande quantité de calorique possible de toutes les substances qui les composent; il faudrait aussi faire des expériences pour décomposer économiquement l'eau et l'air, pour mieux utiliser les gaz qui les composent, en les combinant avec les matières qui les décomposent ou en absorbent le mieux, et en y employant la chaleur et le vide, la pression et le froid, etc., s'il est nécessaire. On reconnaît déjà des matières qui les décomposent à une basse température, et qui rendent ces gaz dans un foyer à une haute température pour y être brûlé; placés au-dessus d'un foyer très-intense, l'azoth brûle à cinq cents degrés, et l'hydrogène à trois cents degrés. Ces gaz ne sortant plus, n'emportent plus de chaleur, et l'oxigène a plus d'énergie; en sorte qu'il y a plus de calorique de produit, et moins de perdu par un courant d'air non brûlé, et plus d'apporté par l'air comprimé; car plus il arrive d'air qui traverse bien le foyer, plus il en brûle, et plus il y a en quelque sorte de vide de formé, qui facilite une plus grande quantité d'air à brûler, ce qui donne une plus grande production de calorique, tandis que c'est l'inverse qui a lieu quand l'air entre dans la cheminée sans brûler; il empêche le tirage et emporte le peu de chaleur qui se produit. Pour se faire une idée de tout ce que peut le combustible, en faisant servir la chaleur par gradation, supposez un foyer d'un pied carré ou cube renfermé au milieu ou au centre d'une sphère ou d'un cube de dix pieds de base ou de mille pieds cubes, composé, à partir du foyer, de dix épaisseurs d'un pied environ chacune de matières différentes, mais qui peuvent être cuites presque dans un même temps par la chaleur décroissante de ce même foyer, lequel reçoit l'air comprimé par un tuyau, et l'air brûlé sort ensuite par un autre tuyau après avoir circulé dans tout le cube, de manière à n'en pouvoir sortir qu'avec un peu plus de chaleur que n'en a pu acquérir la dernière épaisseur de matière, laquelle exige le moins de chaleur pour être cuite ; il en résulte qu'il aurait fallu neuf foyers égaux à celui-ci pour cuire toutes les épaisseurs isolément, ou l'une après l'autre, et qu'on a fait autant avec un foyer qu'avec neuf autrement, et même bien plus ; car si la première épaisseur à cuire, qui a trois pieds de côté, y compris le foyer, ou vingt-six pieds cubes de matières à cuire, eût été cuite à l'air libre ou renfermé dans des matières aussi conductrices, elle eût exigé un foyer

bien plus grand pour avoir la surface extérieure
à la température convenable pour être cuite, laquelle est en contact avec l'air mouvant qui élève
ou emporte la chaleur bien plus vite qu'un liquide plus pesant qui bout au fond d'une chaudière, et dans laquelle il est renfermé pour n'a-
voir d'autres courans que celui donné par la
chaleur du foyer ; ensuite cette haute température à la surface extérieure n'aurait plus permis
de faire agir la chaleur de l'air brûlé, qu'il aurait alors emportée en sortant du foyer, puisqu'il
ne pourrait rien chauffer de plus chaud que lui.
Ces avantages résultent de ce que la chaleur une
fois produite, ou dégagée de l'air ou du combustible, ne peut plus être rendue latente qu'en s'u-
tilisant ou en faisant changer la nature des corps ;
mais ils rendent toujours sensibles cette chaleur
en se refroidissant et en se contractant, comme les
opérations chimiques de la nature qui liquéfient
ou dilatent les corps pour les rendre à leur forme
primitive, de manière qu'il n'y a que l'air qui emporte vraiment la chaleur ; en sorte que la chaleur d'un foyer s'en éloigne de tous côtés à une
grande distance, sans beaucoup se rendre latente ; et le lieu où elle a moins de force, c'est

qu'elle agit dans un plus grand volume ou rayon;
mais le résultat est le même, puisqu'elle agit sur
une plus grande étendue; cela a lieu aussi pour
plusieurs chaudières emmanchées l'une dans l'autre, seulement il faut utiliser plusieurs fois la chaleur emportée par les fluides échauffés qu'on en
fait sortir; et si cette machine était enfermée
dans une chambre pour l'échauffer, elle recevrait
la même température que si le foyer était à dé-
couvert au milieu de la chambre; en sorte que
toute l'action du feu au travers des chaudières ou
des dix mille pieds cubes de matières à cuire est
un bénéfice net. Voilà pour un foyer renfermé de
toutes parts de surfaces utiles; mais qu'on juge
de la perte de chaleur par ceux qui chauffent vingt
fois plus de surfaces étrangères que de surfaces
utiles, ou, qui pis est encore, qui brûlent à l'air
libre, et ce qu'on pourrait faire avec toute la chaleur perdue ou mal employée dans tous ces foyers.
Mais nous ne craignons pas de dire qu'à l'avenir on
pourra, pour bien des objets, donner à un foyer
ordinaire des avantages cent fois plus grands que
ceux qu'on en retire aujourd'hui; et cela surtout
lorsqu'on connaîtra la chaleur concentrée au centre d'un foyer donné, et les objets plus ou moins

6.

grands que cette plus ou moins haute température pourra faire confectionner partiellement.

Il faudrait faire des expériences pour savoir, dans un foyer renfermé de surfaces utiles à échauffer, quelle épaisseur de combustible, sur quelle étendue en largeur et longueur, et quelle est la quantité d'air comprimé qu'il faut pour obtenir un feu d'une intensité donnée au centre de ce foyer afin de l'utiliser, et cela eu égard aux différens combustibles à brûler et aux différentes matières plus ou moins conductrices qui renferment ou qui peuvent renfermer le foyer, afin d'économiser le combustible dans la manipulation des métaux, prévenir les dangers dans les machines à vapeur, et la détérioration des chaudières, etc.

Il serait aussi utile de faire des expériences pour savoir quel est le plus petit foyer possible pour chaque combustible différent, et qui soit capable de confectionner en petit avec avantage tels ou tels autres objets que différens arts requièrent en faisant servir ou utiliser le rayonnement des parois et la chaleur décroissante du courant d'air brûlé. Ces expériences sont de première nécessité, puisqu'elles feraient connaître la grandeur d'un foyer, sa forme, l'épaisseur de combustible et la quantité d'air nécessaire pour faire, dans le plus petit possible, tous les travaux des métaux, des verres, cristaux, porcelaines, faïences, poteries, briques, tuiles, chaux, plâtre, etc., afin d'obvier à l'inconvénient de tous ces grands fours et fourneaux qui exigent de grands capitaux, où il y a beaucoup de chaleur de perdue en ce qu'il n'est pas facile de chauffer par gradation, et de lui donner plusieurs applications utiles avant qu'elle se perde dans l'atmosphère ; il serait bon aussi d'étendre ces expériences pour carboniser, cuire, distiller, vaporiser, sécher, griller, etc., afin que toutes les personnes seulement aisées pussent prendre facilement part à tous ces travaux, et y donner la plus grande concurrence.

Nous avons déjà fait connaître qu'on pouvait avoir des foyers qui brûlent dans l'air comprimé et dans la vapeur d'eau décomposée qu'on y introduit pour dégager plus de calorique que par les manières ordinaires. Il serait aussi avantageux de faire des expériences pour savoir quelle est la grandeur et la forme du foyer, et le courant d'air que chaque combustible différent exige pour pouvoir brûler ses gaz, au fur et à mesure qu'il les décompose ou produit, afin de donner de la chaleur par leur combustion, plutôt que d'en emporter par leur formation en sortant par la cheminée; la quantité de combustible, de vapeur et d'air comprimé étant donnée, quelle est la chaleur du milieu d'un foyer renfermé dans une enveloppe ou chaudière de la forme d'un cube, d'une sphère ou d'un cylindre dont le diamètre est égal à sa hauteur, et l'épaisseur des parois connue, et quel est l'endroit le plus chaud d'un foyer plus long que large; si les gaz qui y traversent plus long-temps la flamme n'y brûlent pas mieux que dans un foyer carré, qui est au centre, à une plus haute température; il faudrait voir aussi si, avec l'emploi des trémises à tiroirs, de la vapeur et de l'air comprimé dans un foyer, on ne pourrait pas obtenir un degré de chaleur fixe, au moyen de soupapes mues avec la pression par toutes les manières connues; la grandeur et la forme du foyer étant donnée, ainsi que la nature des parois qui le renferment, quelle est la quatité de combustible, de vapeur et d'air comprimé qu'il peut brûler par heure, ou ce qu'il en faut pour le dégagement de la plus grande quantité possible de calorique, pour avoir toujours la plus haute

température possible à un endroit voulu, et cela
soit qu'on fasse ou non parcourir le courant d'air
chaud brûlé autour des parois extérieures de l'enveloppe du fourneau, pour être moins refroidie
que par l'air atmosphérique ou autres matières
plus froides ou refroidissantes que ce courant de
chaleur.

FIGURE 23.

Chaudière à vapeur portative et à traverses, à courans, servant à faire cuire le pain, la pâtisserie, le biscuit, les viandes, etc., ainsi qu'à carboniser les combustibles, et à chauffer à la vapeur des appartemens, etc.

CETTE chaudière A est formée de deux parties B réunies par des tubulures C, afin de former un long courant de chaleur ; et chaque partie est composée de deux cylindres emmanchés l'un dans l'autre. Au milieu de ces chaudières cylindriques et au-dessus du foyer D se trouvent deux petits coffres E placés à peu de distance l'un de l'autre, pour que la chaleur puisse circuler tout autour ; sur le fond de ces deux coffres circule une toile métallique F sans fin, au moyen de deux treuils G aux extrémités des deux parties A B qui forment la chaudière. Cette toile sert à traîner les matières à cuire H qui reposent dessus et sur les fonds des coffres, en sorte qu'elles entrent par un bout I pour cuire, et qu'elles sortent cuites

par l'autre extrémité J, en faisant seulement
tourner à chaque instant une des manivelles G ;
les matières qui exigent une plus haute température cuisent dans les coffres K au-dessus de la
grille, et les autres dans l'autre partie de chaudière ; des portes à coulisse L ferment les coffres
jusque sur les toiles métalliques, et si on fait servir
les coffres comme cornues, ils servent à la carbonisation des combustibles. Ces coffres étant bien
fermés pourraient aussi servir à la distillation des
liquides, au moyen de robinets et de tuyaux fixés
à leurs fonds ; bien entendu que ces liquides,
chauffés par gradation dans les chaudières, seraient refoulés graduellement dans ces retorques
pour y être évaporés.

FIGURE 24.

Chaudière de machine à vapeur portative où il n'y a presque pas de surfaces rayonnantes qui reçoivent une forte chaleur, et sans chauffer beaucoup de surfaces étrangères en ascendant.

———

Cette chaudière est formée de trois cylindres à traverses, à courans emmanchés l'un dans l'autre A, afin de former une double chaudière qui empêche le rayonnement. Les traverses B sont très-rapprochées l'une de l'autre afin de pouvoir donner à toute la chaudière la moindre épaisseur à ses parois sans cesser d'être très-fortes, pour être la moins pesante possible ; dans cette chaudière A au-dessus du foyer O se trouvent trois rangs de tuyaux à courans C qui n'ont pas plus d'un demi-pouce de diamètre, afin d'avoir des parois très-minces et d'une grande force, pour que le tout soit le moins pesant possible, et qu'une quantité immense de surfaces utiles puisse être portée à une haute température, avec un foyer peu considérable ; mais la chaudière étant fixe, on écono-

mise la chaleur du courant en le faisant passer ou
descendre entre deux chaudières D, ensuite dans
la dernière E, et après par-dessous, avant de se
rendre dans la cheminée F; la chaudière H qui
contient le foyer G pourrait être placée au-dessous de l'autre; le courant descendrait au-dessous
de la première I pour retourner entre les deux,
de là il entrerait dans la deuxième chaudière J
pour revenir au-dessus K avant d'entrer dans la
cheminée. Il faut toujours autant que possible
faire courir en circulant la chaleur du foyer autour de la chaudière, puisque cette chaleur est
plus chaude que l'atmosphère; si elle ne peut
échauffer davantage la chaudière, elle empêche
au moins le rayonnement; et aux endroits peu
chauffés, si la chaudière est très-épaisse ou recouverte de matières peu conductrices; il est toujours très-avantageux que ces enveloppes soient
chauffées par la chaleur décroissante du foyer;
car, étant plus chaudes, elles donnent un moindre passage au rayonnement qui ne peut plus les
chauffer autant, puisque plus un corps est chaux,
moins il peut emprunter de chaleur à un autre; dans ces chaudières à traverses ou à tuyaux à
courant B, et qui renferment le foyer O lorsque le

fluide est refoulé d'une chaudière à l'autre par un tuyau L en dessous pour se diviser de chaque côté, il arrive en chauffant graduellement jusqu'au sommet M qui est l'endroit le plus échauffé ; en sorte qu'il n'y ait qu'une petite partie du fluide à une très-haute pression ou température, et qui va toujours travailler la première ; cela donne moins de surfaces très-rayonnantes, et la chaleur la moins forte du foyer peut mieux s'utiliser ; il n'y a aussi qu'une petite capacité M qui pourrait faire explosion si les parois en étaient trop minces pour la grandeur de chaque capacité formée par la distance des traverses B, qui limite la largeur de cette sorte de tuyaux.

L'eau arrivée à la dernière chaudière, et élevée ainsi à une haute température, est refoulée dans les trois rangs de petits tuyaux C, lesquels, placés immédiatement au-dessus du foyer, rougissent dans un instant une grande quantité de surfaces, sans exiger un très-grand foyer pour produire la plus grande quantité possible de vapeur ; car avec des surfaces ou parois aussi minces, l'eau est pour ainsi dire chauffée sans enveloppe. Qu'on juge de la quantité de vapeur que pourrait produire seulement un faisceau de tuyaux d'un pied carré sur dix de long, et d'un pouce de diamètre chacun, puisqu'ils présenteraient trois cent soixante pieds de surfaces chauffantes sans en avoir de rayonnantes; ces tuyaux à minces parois, portés à une très-haute température sans cesser d'être aussi forts que ceux des presses hydrauliques, qui supportent sans danger une pression de près de cent atmosphères, pourraient réduire à l'instant en vapeur un très-grand courant d'eau très-chaude qui y serait refoulé, et dont la force serait de plusieurs centaines de chevaux. On doit concevoir parfaitement combien il serait facile de faire les charrois et les labourages des terres avec de semblables machines; mais malheureusement elles paraissent froisser les intérêts particuliers de quelques-uns de mes principaux ennemis, et ils ont si bien pris leurs mesures, que malgré la publication de ces principes, faite par moi en 1824, aucun d'eux n'a pu encore être mis à exécution; mais cela ne durera pas, car tous les jours je gagne un peu de terrain. Dans les machines à vapeur, il y a plusieurs choses à considérer : ne point chauffer de surfaces étrangères; de n'en point avoir à une haute température qui soient rayonnantes; que les vases chauffés soient du plus

petit diamètre pour être forts et sans danger, avec
les parois minces, et le volume de liquide peu
épais, pour être chauffé à une très-haute température sans avoir un feu trop intense, et ensuite
que le feu brûle dans l'air comprimé et qu'il
chauffe par gradation; c'est ce qu'on peut toujours obtenir par mes chaudières divisées qui ont
le feu intérieurement, y chauffant à une haute
température des tuyaux d'un très-petit diamètre
sans surfaces rayonnantes; et lorsque le feu est
assez fort pour rendre la première partie de la
chaudière très-rayonnante, on la tapisse de terre
glaise intérieurement, ou on y met une troisième
enveloppe qui donne une double chaudière, pour
que celle extérieure soit peu rayonnante; car sans
ce rayonnement, les parois extérieures des chaudières seraient toujours à la température du fluide
de la chaudière; et cette différence dans les hautes
températures fait assez connaître combien les per-
tes occasionées par le rayonnement sont grandes.
Comme à foyers égaux les objets chauffent, bouil-
lent, cuisent, en raison des surfaces chauffées dans
des espaces et à des distances égales, il s'ensuit
donc que c'est dans la forme des vases ou chaudières qu'on doit chercher les améliorations, en

faisant en sorte qu'ils présentent la plus grande
quantité possible de surfaces chauffantes, et le
moins possible de rayonnantes, et c'est ce qu'il est
toujours très-facile d'obtenir au moyen de tuyaux
d'un très-petit diamètre, ou bien de surfaces ren-
dues très-sinueuses ; mais par un hasard singulier
tous les vases ou chaudières qu'on met sur le feu
ont une forme cylindrique ou sphérique, comme
pour avoir la plus grande capacité avec le moins
de surface chauffante possible ; mais cependant,
comme nous venons de le dire, les objets ou liquides qu'ils contiennent ne chauffent qu'en raison de la grandeur des surfaces qu'ils peuvent
présenter dans un petit espace, et surtout de
celles qui se trouvent perpendiculairement à l'action du calorique, qui par sa légèreté tend toujours à s'élever. Il faudrait donc alors que les
objets renfermassent le foyer, pour chauffer par
gradation, et que ceux qui sont près d'être chauffés
ou cuits, y fussent renfermés pour présenter peu
de surfaces rayonnantes qui perdent de la chaleur.
N'oublions pas de répéter que plus un tuyau est
de petit diamètre, plus ses parois peuvent être
minces, et moins il a besoin de chaleur pour
mettre le petit volume de liquide qu'il renferme

à une très-haute température, moins il est susceptible de brûler, de se fendre ou de se défor-
mer, et cependant plus il a de force, tout en présentant proportionnellement beaucoup plus de
surfaces chauffantes et moins de rayonnantes; il
est aussi très-essentiel que les foyers brûlent
dans l'air comprimé, car le feu languit quand il
n'y a pas assez d'air, et si le calorique n'arrive pas
assez abondamment pour que l'absortion soit plus
grande que le rayonnement, de manière à ce
qu'il reste à l'objet chauffé la température voulue,
lue, tout le combustible se consomme sans effet
utile et on perd tout; car à quoi servirait de
chauffer de l'eau pour avoir de la vapeur, si le feu
qui la chauffe ne peut l'amener à l'ébullition; mais
il n'en est pas ainsi du feu qui brûle dans l'air
comprimé; plus l'air y est dense, plus il se dégage
de calorique, et plus il a de pouvoir ou de température dans un temps donné; en sorte que si
on fait servir la chaleur décroissante du foyer il
y a avec le même combustible une bien plus
grande quantité de chaleur de produite et d'utilisée, et moins de perdue par le rayonnement,
puisqu'elle est produite dans un temps moindre,
et dépensée de même pour la confection de l'ob-

jet désiré ; mais l'effet de l'air comprimé est déjà assez prouvé par le chalumeau, les forges et fourneaux de fonderie, quoique leurs défauts y fassent encore perdre la plus grande partie du calorique produit ; et d'ailleurs ne suffit-il pas de savoir qu'il faut trois ou quatre livres de gaz oxigène pour en brûler une seule de charbon. Cette manière de faire brûler le foyer dans l'air comprimé présente aussi d'autres avantages : le foyer ayant un tirant toujours égal, par la quantité d'air qu'on y fait entrer et sortir, il n'y a pas autant de danger ; le feu reste au même degré si on y met toujours la même quantité de combustible dans un temps donné : c'est sans doute un moyen sûr de bien régulariser la température d'un foyer. Il n'est pas nécessaire de registre ou soupape après le foyer qu'on ouvre ou ferme selon le temps qu'il fait, et les différens combustibles qu'on brûle.

Le moyen de pouvoir produire la plus grande quantité de vapeur à haute pression, avec le moins possible de combustible, pour avoir le plus grand résultat, ne peut se trouver que dans les constructions de chaudières à traverses qui renferment le foyer et des tuyaux à courans, pour ne point chauffer de surfaces étrangères. Il paraît que cette vérité utile n'a pas encore été bien comprise, si on en juge par le petit nombre de chaudières différentes en usage, quoique ce principe permette de les diversifier à l'infini ; mais je dois espérer que la grande quantité de chaudières que je viens de publier dans mes différens ouvrages éclairera les propriétaires pour forcer les mécaniciens constructeurs à sortir un peu de leur routine et de leur intérêt particulier pour entrer dans celui du bien général, c'est-à-dire qu'ils seront forcés d'étudier les nouveaux procédés, d'abandonner leurs moules et les outils qui ne conviennent plus qu'aux constructions défectueuses ; car un manufacturier doit savoir qu'il se ruinerait s'il ne faisait pas faire une machine qui pût soutenir long-temps la concurrence avec celles que d'autres ne manqueraient pas de faire construire sur de meilleurs principes, soit en France ou à l'étranger. Mais continuons la description de ces principes. Pour que l'eau d'une chaudière puisse s'élever à la plus haute température dont le foyer est susceptible pour donner la machine à vapeur de la plus haute pression possible, il faut, comme je l'ai déjà dit, que la capacité d'où sort la vapeur soit également chauffée dans toutes ses

parties ; car si la chaudière est longue et d'une
seule pièce, l'eau de derrière sera moins chauffée
que celle sur le devant où se trouve le foyer, et
la première s'échauffera aux dépens de l'autre, qui
ne pourra plus arriver à une aussi haute température que si elle ne chauffait pas l'eau qui est
éloignée du foyer, ni produire constamment le
même volume de vapeur à une aussi haute pression; car il y aura trop de surface rayonnante à
une haute température, et c'est ce qui arrive toujours aux chaudières qui ne chauffent pas par gradation, qui ont quarante pieds de long lorsque le
foyer n'a pas plus de six pieds, ce qui fait perdre
toute la chaleur décroissante du foyer, qui ne
sert qu'à maintenir l'équilibre de la température
tout en donnant un rayonnement égal à la quantité de surface peu ou pas chauffée par le foyer ;
mais pour obtenir le résultat le plus avantageux,
il faudrait diviser cette chaudière en quatre ou
cinq parties, pour les chauffer par gradation, en
refoulant les liquides de l'une à l'autre, si toutefois la chaudière ne forme pas un tuyau spiral qui
commence près de la cheminée ; l'eau de derrière
de cette chaudière étant alors moins chaude, elle
absorbe la chaleur décroissante du foyer, en sorte

qu'il y a peu de calorique de perdu ; mais la perfection serait que l'eau la plus chaude de la chaudière fût refoulée dans des tuyaux d'un très-petit diamètre, pour être placés ou enterrés dans le combustible en ignition, parce que la chaleur d'un foyer diminue en raison du carré des distances, et il faudrait aussi que la capacité de ces tuyaux ne pût pas donner à chauffer plus de liquide que la quantité nécessaire pour fournir à la dépense de la machine ; car plus la capacité sera petite, moins elle usera de calorique pour chauffer le peu d'eau qu'elle contient, et plus il pourra la porter à une haute température. Peu importe qu'une machine à vapeur soit à une très-haute pression, dès que le courant de chaleur est donné par un soufflet à piston et qu'il chauffe par gradation, pour qu'il n'y ait que peu ou point de chaleur qui sorte par la cheminée, ni par le rayonnement autour des chaudières entourées ; il n'y a pas de chaleur de perdue comme dans les basses pressions, et on a en bénéfice net tout l'excès de force de la vapeur qui est au-dessus d'une basse pression, et cela avec beaucoup moins de combustible pour une même quantité de vapeur donnée ; cependant, lorsqu'on fait servir l'air comprimé brûlé comme moteur,

il faudrait faire des expériences pour connaître la
quantité la plus avantageuse au foyer; car si le
courant n'est pas assez fort le combustible ne
brûle pas aussi bien, et s'il l'est trop, le calorique
est aussitôt emporté que produit, et la température ne peut s'élever assez haut pour bien brûler
l'oxigène de l'air et les autres gaz pour dégager la
plus grande quantité de calorique possible; car
on sait que pour avoir une combustion complète
il faut qu'elle soit forte et rapide; mais elle ne
peut se trouver que dans un courant d'air comprimé convenable ou donné à volonté pour chaque combustible différent, et si plus la température est froide dans l'hiver, plus les feux sont
ardens ou produisent de chaleur, c'est seulement
parce que l'air est plus dense que dans la saison
d'été, où l'air dilaté ne peut arriver assez abondamment au foyer sans donner un courant trop
fort. Il serait sans doute avantageux dans les fortes
chaleurs de le faire traverser l'eau des puits, au
moyen de petits tuyaux. Si un foyer long et étroit
donne plus de surfaces chauffées et un long courant de chaleur pour que les produits de la combustion puissent bien brûler avant de s'échapper,
il donne cependant aussi plus de surfaces rayon-

nantes aux chaudières, si elles ne sont pas enve-
loppées d'autres chaudières qui fassent utiliser le
rayonnement ; ce foyer ne peut donc être le plus
intense possible, mais bien celui qui est placé dans
une capacité cylindrique, ayant une épaisseur de
combustible égale à son diamètre ; et pour que
toute cette épaisseur de combustible puisse être à
la fois en ignition, il faut que l'air comprimé qui
la traverse ait assez de force pour se faire jour
au travers, en soulevant légèrement toutes les
petites parties du combustible, qui auront dû être
auparavant concassées ou coupées mécaniquement de la grosseur la plus convenable, relativement à la grandeur du foyer. Ainsi que je l'ai déjà
dit, dans tout foyer on doit autant que possible
produire toujours le feu le plus intense, afin qu'il
brûle bien tous les produits de la combustion,
ainsi qu'une grande quantité d'air comprimé et
de vapeur qu'on y introduit ; et si l'intensité du
foyer est assez forte pour brûler la plus grande
partie de tous ces gaz, la production du calorique
est la plus grande possible ; mais si le combustible
employé n'est pas de nature à donner une très-
haute température, la chaudière est courte, et on
fait alors travailler ces gaz dans un cylindre à

piston qui remplace en ce cas la cheminée; ils donnent par ce moyen la plus grande force pour la compression de l'air au foyer qui augmente la combustion; en sorte qu'il y a toujours avantage d'introduire beaucoup d'air devant et derrière le foyer et de la vapeur au milieu, puisqu'ainsi ils donnent tout à la fois du calorique et de la force, le combustible brûlant par sa nature difficilement; ou bien, si les objets à chauffer ne pouvaient soutenir une très-haute température, il conviendrait dans les deux cas de tapisser la chaudière de terre ou briques réfractaires, en sorte que la chaleur soit concentrée autour du foyer pour bien brûler le mauvais combustible d'une part; et de l'autre pour empêcher que la chaleur nécessaire à une bonne combustion puisse détériorer les objets à chauffer, car la chaleur ainsi retenue n'est pas aussitôt emportée que produite par les objets à chauffer, puisque avant de les atteindre il faut qu'elle passe au travers d'une épaisseur plus ou moins grande de terre glaise ou autre maçonnerie; mais il est toujours bien entendu que tout le calorique nécessaire pour maintenir cette haute température doit être utilisé au moyen de différentes parties de chaudières ou autres objets à chauffer, placés à la suite l'un de l'autre, pour faire servir la chaleur décroissante du foyer, en l'absorbant à proportion que le courant de chaleur s'en éloigne pour le faire diminuer ; et si les premières parties qui entourent le foyer pouvaient supporter une haute température qui donne beaucoup de rayonnement, on le diminuerait et on l'utiliserait au moyen d'une deuxième chaudière qui les enveloppe, en sorte que le calorique fût utilisé plusieurs fois avant de se perdre dans l'atmosphère, de manière qu'il ne puisse y entrer qu'avec une température trop faible pour pouvoir être utilisé avec avantage, même à la dilatation de l'air comprimé, ou à chauffer de l'air atmosphérique qui aille recouvrir des surfaces rayonnantes pour y emporter moins de chaleur que l'air atmosphérique ou autres matières plus conductrices. La longueur des foyers doit être proportionnelle à la longueur des chaudières, et pour celles dont le foyer est intérieurement et qui sont divisées pour chauffer par gradation, il est bon qu'elles soient le plus longues possibles pour chauffer beaucoup de surfaces et pour que les produits de la combustion qui se dégagent sur le devant du foyer aient le temps de brûler

et de passer au travers des parois de la chaudière, avant d'être arrivés à la cheminée. En ou-
tre un foyer trop faible pour amener l'eau à l'é-
bullition, en ce que la puissance rayonnante serait
aussi grande que celle absorbante, userait du
combustible sans effet utile, tandis qu'il n'en est
jamais ainsi d'un grand foyer chauffant premièrement des petites capacités ou des tuyaux bouilleurs, et il n'y a pas de mal que ces tuyaux, qui
sont les seuls à haute pression et qui se trouvent
toujours immédiatement au-dessus du foyer, ne
prennent pas tout-à-fait toute la plus forte chaleur du foyer, car le reste sera toujours facilement
absorbé après par les dernières parties de la chaudière de dégradation.

Lorsque le foyer est entouré d'eau, ainsi qu'une
assez grande longueur de conduit horizontal ou
incliné qui mène à la cheminée, il faut, en commençant à chauffer, que le combustible soit en-
flammé avant d'être poussé dans le foyer, s'il n'est
pas de nature à bien brûler, afin de chauffer assez
les parois du conduit pour former le courant nécessaire à la continuation de la combustion, autrement le feu ne pourrait pas s'y allumer, tandis
qu'une fois allumé, il continue de brûler presque

aussi bien que toute autre part, et alors sans chauffer de surfaces étrangères qui perdent de la chaleur.

Cependant si le combustible est bon, on peut
mettre en contact le charbon d'un foyer avec des
corps ou vases remplis d'eau ; car s'il est possible
que la partie du charbon qui les touche immédiatement ne puisse brûler, elle brûlera au moins
à la distance d'une épaisseur de quelques lignes ;
aussi les casseroles, les pots et chaudières qui reposent sur les charbons d'un foyer, ne l'éteignent
pas pour cet effet, quoiqu'il n'y ait pas même de
courant d'air dessous ; seulement le combustible ne brûle pas aussi bien lorsque le courant
d'air n'est pas activé par un soufflet dans ces
foyers entourés d'eau ; mais dans l'air comprimé
tous les combustibles doivent bien brûler, puisque le courant d'air ne dépend plus que de la
force de compression ; mais, comme je l'ai déjà
dit, si l'enveloppe intérieure qui contient l'eau
n'est point recouverte de briques ou sable réfractaires, le feu est difficile à allumer. Il faut
seulement, en commençant, brûler de bon combustible où remplir le foyer de charbons rouges, et une fois l'appareil échauffé à une haute

température, tous les combustibles y brûlent bien ;
car le but d'un foyer est de ne chauffer que des
surfaces utiles pour y faire passer le calorique au
travers, et il ne peut jamais y entrer trop facilement. Les surfaces étrangères qu'on chauffe ont
beau être revêtues de matières très-épaisses, leurs
surfaces extérieures augmentent avec leur épaisseur ou leur volume, et si le calorique ne s'y fait
pas très-sentir, c'est qu'il est répandu dans un
grand volume ou sur une grande surface rayonnante qui perd beaucoup de chaleur. Soit que le
calorique chauffe de l'eau ou de l'air renfermé ou
enfin des surfaces qui fassent servir le calorique
du courant d'air brûlé en l'absorbant dans son
passage, il faut toujours un courant dans la chaudière assez long, en sorte de pouvoir chauffer le
fluide par gradation pour faire servir ou utiliser
la chaleur décroissante du foyer en faisant arriver
l'eau ou l'air froid à chauffer, à l'endroit de la
chaudière où le courant d'air brûlé est le plus
refroidi ; car sans cela plus la température du
foyer serait haute, plus on perdrait de chaleur,
tandis qu'autrement on en gagne ; et même sans
chauffer de surfaces étrangères, un grand volume
d'eau à la même température est difficile à chauf-

fer; il donne une grande quantité de surfaces supérieures de chaudière qu'on ne chauffe pas, et
qui reste rayonnante en proportion de la température pour perdre beaucoup de chaleur; mais
en chauffant par gradation on obvie parfaitement
à cet inconvénient, et alors il y a beaucoup moins
de chaleur de perdue dans les hautes pressions
que dans les basses; car les chaudières ou tuyaux
chauffés intérieurement présentent moins de surfaces rayonnantes ou extérieures qui perdent la
chaleur, et on n'en laisse sortir par la cheminée
que ce qu'on veut, puisqu'on est libre de la faire
absorber avant d'y arriver. Qu'on juge de la quantité de chaleur qu'on pourrait faire absorber dans
un petit espace, puisque cent tuyaux d'un pouce
de diamètre sur dix pieds de long présentent une
surface de deux cent cinquante pieds; et de la perte
de calorique quand on chauffe beaucoup de surfaces étrangères, puisqu'on ne peut faire brûler
plus de douze livres de charbon par heure dans
un fourneau ordinaire de vingt-sept pieds cubes,
et qu'on en peut faire brûler plus de quatre cents
livres dans le même temps par un fourneau de
cinquante pieds cubes; il faut donc que le calorique soit emporté plus qu'en raison des surfaces

chauffées, pour que le foyer qui en présente proportionnellement plus brûle beaucoup moins bien ;
d'où il suit que non-seulement les surfaces étrangères chauffées emportent une grande quantité
de la chaleur produite, mais encore elles empêchent le combustible de bien brûler ou de pouvoir
dégager tout le calorique dont il est susceptible.

Partout où l'on a besoin de beaucoup d'eau
chaude, on devrait toujours commencer par avoir
une chaudière à traverses et à courans, qui con-
tienne le foyer, pour faire une machine à vapeur ;
des tuyaux à une très-haute température, afin que
le combustible brûle bien, chauffe facilement l'eau
par gradation, pour avoir une forte vapeur qui
donne beaucoup de force, pour la confection de
différens objets par mécanique ; et au fur et à mesure que cette vapeur sort du cylindre à piston, on
l'envoie chauffer l'eau dont on a besoin en la refoulant dedans ; il en est de même de tous les liquides à chauffer, à distiller ou à évaporer. On
devrait, pour faire servir la chaleur décroissante
du foyer, toujours commencer à les chauffer ainsi
par gradation dans des chaudières à traverses et
dans des tuyaux à très-petit diamètre qu'elles
renferment, d'où les liquides passeraient après s'il

le fallait, dans des réservoirs plus grands, placés immédiatement au-dessus du foyer, pour y achever l'opération à laquelle ils sont destinés; mais si, au lieu de liquides, c'est de l'air comprimé qu'on chauffe pour sécher, évaporer, chauffer des appartemens éloignés, etc., on le chauffe de même par gradation en le refoulant par un piston de la partie la moins chaude de la chaudière dans la plus chaude, pour faire servir la chaleur décroissante du foyer, jusqu'à ce qu'on ait acquis une haute température dans une petite partie de la chaudière, la seule à une très-haute pression; après quoi l'air chaud sert comme moteur dans un cylindre à piston, d'où il est après refoulé dans des tuyaux pour aller servir à tous les usages précités, de manière à avoir toujours en sus beaucoup de force pour faire confectionner mécaniquement toutes sortes d'objets, et sans plus de dépenses dans le combustible, et même souvent avec plus de moitié moins que par les procédés ordinaires.

Il est certain qu'à l'avenir on ne dépensera presque plus de combustible exprès pour un seul objet, que pour les machines à feu portatives, qui serviront aux charrois, aux labourages des ter-

res et à tous les autres travaux de l'agriculture ;
et lorsqu'on voudra élever une manufacture où
il faut seulement de la force, ce ne sera que dans
un endroit où d'autres objets pourront nécessiter
une grande quantité de calorique, c'est-à-dire
qu'on amalgamera toujours deux manufactures
ensemble, dont l'une dégagera assez de calorique
pour donner la force nécessitée par l'autre ; et il
n'y a pas un seul village où il y ait seulement
deux cents maisons un peu rapprochées, qui n'en
nécessite une ; elle cuirait la chaux et le plâtre pour
les engrais, le chaulage, les constructions, etc.,
la brique, la tuile, le ciment, etc. ; servirait de feu
de forge, et pour couler les lessives, blanchir le
linge, cuire le pain, la viande, toutes sortes de légumes ; distillerait les combustibles pour le coke,
le charbon, le gaz, le vinaigre, le goudron, etc.,
ainsi que toutes les autres matières, pour faire les
eaux-de-vie, le sucre, le sirop, etc. ; sècherait
tous les grains, les ferait moudre ou grager, battre, nettoyer, couper ou arracher les pailles, les
gros foins, les légumes, etc. ; pour qu'ils servent
mieux à la nourriture des animaux et aux fu-
miers ; grager ou râper, griller, cuire toutes les
racines qui sont susceptibles de donner de bonnes

farines, tout en remontant l'eau d'un puits pour la consommation du village et pour servir aux arrosages. Combien la consommation et la culture des pommes-de-terre, carottes, navets, châtaignes, etc., seraient plus grande si leur cuisson venait à se faire aussi économiquement, et au moyen de tuyaux d'eau et autres ! un seul foyer pourrait envoyer de la force et de la chaleur dans toutes les maisons du village qui les requerraient, et dans l'hiver une école et une grande maison de travail pourraient être chauffées et éclairées ainsi économiquement, puisqu'un seul homme pourrait souvent suffire à tous ces travaux. Combien de temps et de combustible les habitans épargneraient, si un seul foyer, ainsi utilisé à plusieurs objets à la fois, servait presque la plupart du temps pour tout un village. Les habitans seraient beaucoup mieux nourris et bien plus économiquement ; il faudrait à chacun moins d'ustensiles de ménage, ils mangeraient toujours de bon pain et frais, fabriqué mécaniquement, au lieu de celui dur, noir et moisi, dont la plupart font usage ; ils ne seraient plus également obligés de manger des légumes cuits pour plusieurs jours, et pour la plupart gâtés.

FIGURE 25.

*Machine à vapeur et à air comprimé portative,
pour une très-grande force, et dont le peu
de volume la rend susceptible de servir comme
poéle dans les appartemens.*

CETTE machine est composée d'une chaudière
verticale A à traverses et à courans, divisée en
deux parties dans sa longueur; la première partie
B contient le combustible, qui repose sur une grille
C à une certaine hauteur, lequel est introduit sans
force par une trémise à deux tiroirs D fixée sur le
fond supérieur de la chaudière; l'air comprimé
arrive par un tuyau E à soupape à une certaine
hauteur au-dessus de la grille G, selon le volume
de charbon qu'on veut maintenir en ignition; car
l'azote échauffé s'élève au-dessus F de l'entrée de
l'air froid comprimé, comme pour empêcher que
cette partie du combustible qui s'y dessèche
puisse brûler avant que l'autre soit consommée
pour pouvoir prendre sa place, et le courant de
chaleur se fait au-dessous de la grille par un

tuyau à soupape H, qui passe recourbé dans la deuxième partie I de la chaudière ; le combustible entre humecté dans la chaudière, ou bien de l'eau y est introduite par l'effet d'un tuyau à deux robinets J placé sur le fond supérieur, et au fond inférieur K est un tuyau ou une trémise à deux tiroirs pour retirer aussi les cendres sans emploi de force. Dans la deuxième partie de la chaudière, et au-dessus du tuyau à soupape H par où arrive le courant de chaleur, se trouvent, les uns au-dessus des autres, des cribles L en forme d'entonnoirs renversés, qui reçoivent un jet d'eau qui se réduit à l'instant en vapeur pour aller agir sous des cylindres à pistons, en passant par un tuyau M fixé au fond supérieur, à côté du tuyau à robinet P qui donne l'eau chaude à la chaudière à réduire en vapeur ; il y a aussi au fond inférieur un tuyau à deux robinets N pour faire sortir l'eau qui ne se serait pas réduite ; la vapeur sortira de la chaudière à la température désirée, selon qu'on y fera entrer plus ou moins d'eau, et sans craindre que sa pression puisse la faire introduire dans le foyer par le tuyau à soupape H qui amène le courant de chaleur ; car, indépendamment de la force du courant d'air comprimé et échauffé, la force

de la chaleur repoussera la vapeur, dont la dilatation ne pourrait avoir lieu du côté où vient la
force calorique ou la cause de la dilatation ; l'eau
froide arrive par un tuyau O au bas de la chaudière pour être refoulée, très-chaude, à l'extrémité supérieure sur les cribles L, si toutefois elle
n'entre pas dans le tuyau à robinets P. Au moyen
de la trémise à tiroirs D, on peut mettre à la fois
pour un certain temps beaucoup de combustible
dans la chaudière, et sans qu'il en brûle davantage pour cet effet, en ce que c'est l'air brûlé qui
s'élève au-dessus du courant d'air, comme pour y
empêcher la combustion, et si la chaudière est
un peu élevée, le bois n'a pas besoin d'être scié
très-court ; s'il est vert ou humide, il se dessèche,
et les produits brûlent bien en traversant la
grille du foyer ; les pailles de sarrazin, de maïs,
les roseaux, les chaumes, les genêts, les bruyères, etc., mis en petites bottes très-pressées ou
non, la tourbe, la houille, etc., brûleraient tous
très-bien, ainsi que les produits de la combustion ; il n'y aurait ni fumée ni mauvaise odeur,
la machine pourrait servir de calorifère, et aller
échauffer au loin sans cheminée, au moyen de
tuyaux seulement ; on pourrait aussi enfermer

8.

dans la trémise D, entre les deux tiroirs, des petits cylindres autoclaves ayant leurs soupapes, pour les faire servir comme cuisine, etc.

La chaudière pourrait être composée de deux petites chaudières verticales placées à côté l'une de l'autre, et seulement réunies par le tuyau à soupape du courant de chaleur. Etant alors d'un plus petit diamètre, elles seraient beaucoup plus fortes; une chaudière pourrait être verticale, et l'autre horizontale U; l'air comprimé pourrait arriver au-dessous de la grille V par un tuyau recourbé Q au fond inférieur de la chaudière verticale, et le courant de chaleur R se trouverait un peu au-dessus de la grille, à l'endroit qui forme la tubulure S qui réunit les deux chaudières; une spirale en fonte T, qui s'ôte à volonté pour retirer les cendres, est placée dans la chaudière horizontale pour donner un long courant de chaleur qui agisse par réfraction; une autre spirale X pourrait aussi être fixée à la chaudière intérieure sur son pourtour, pour faire chauffer par gradation le fluide qui arriverait d'un bout Y, pour sortir par l'autre Z, afin d'être refoulé dans la chaudière verticale à la partie inférieure *a*; enfin la chaudière *b* pourrait être tout horizontale et d'une

seule pièce, ayant la trémise à tiroirs *c* inclinée
à 60 degrés pour la descente du combustible au
foyer *e*, et les cendres sont retirées, au moyen
d'une raclette, par un passage horizontal à deux
tiroirs *f*; l'air comprimé arrive au-dessous de la
grille par un tuyau *g* horizontal, et le courant de
chaleur passe à l'autre extrémité par un tuyau *h* à
soupape, pour aller réduire l'eau en vapeur, qui
tombe sur un plan en forme de crible *i*, placé
au-dessus d'une traverse *j* qui divise la chaudière
en deux parties ; l'eau tombe sur ce crible, soit
par un tuyau comme ci-devant, ou simplement
par un robinet *k* placé à l'extrémité supérieure
de la chaudière où l'eau arrive chauffée par gradation, et la vapeur sort ensuite avec l'air brûlé,
par un tuyau *l*, pour aller agir sous un piston, et
ensuite dans des tuyaux pour chauffer des appartemens, etc.

Lorsqu'on fait agir le fluide comme moteur, les
cylindres à piston peuvent être placés verticalement ou horizontalement avec les autres machines à faire mouvoir dans un établissement à
côté de la chambre qui contient la chaudière calorifère, ou bien encore dans une autre chambre
construite au-dessus et au-dessous. Les deux ou

trois pistons sont dans tous les cas fixés à une même tige *m*, étant verticaux pour chambres hautes ou basses ; un châssis denté *n* donne le mouvement à un arbre horizontal *o*, ou bien à deux bielles *p*, ou enfin la tige traverse le fond *q* du cylindre d'en bas, qui est le plus petit, pour descendre dans un puits et y remonter de l'eau par un piston à double effet, qui sert ensuite comme moteur dans les temps où on ne ferait pas du feu régulièrement. Le piston *q* d'en bas sert aussi comme soufflet, pour comprimer l'air au foyer, et celui d'en haut *r* plus grand, qui est le moteur, laisse échapper dans la cheminée ou dans des tuyaux la vapeur et l'air brûlé dilatés.

Les pistons R peuvent être remplacés par des roues spirales agrandissantes et à réaction, comme celles dans l'ouvrage sur les *Nouvelles machines à vapeur* ; trois ou quatre de ces spirales peuvent être fixées à un même arbre *u* vertical, et les fluides moteurs arrivent par un tuyau coudé et fixe *v*, dans lequel tourne l'arbre *u* qui supporte un cylindre *x* à moitié plein de mercure, pour empêcher le frottement du coude du tuyau fixe *v*, et que l'air ou la vapeur ne puissent sortir par leur pression, à cause de la pesanteur du mercure ; les

fluides arrivent dans la plus grande spirale t en se
dilatant de plus en plus, en prenant davantage
l'atmosphère pour appui à leur réaction. Une
deuxième spirale y plus petite, au moyen d'une
grande vitesse et tournant en sens inverse, aspire
ou comprime l'air au foyer, en le faisant passer
par un tuyau coudé z dans lequel repose le bout
de l'arbre u, et c'est alors à ce tuyau qu'est fixé
le cylindre à moitié plein de mercure x; l'arbre
pourrait traverser le coude z de ce tuyau à frottement doux pour descendre dans un puits, et y
faire remonter l'eau par une roue à pression, ou
pompe circulaire, un tarare, etc.; tous ces moyens
sont aussi bons pour faire comprimer l'air au
foyer, et même pour faire agir la vapeur.

FIGURE 26.

Chaudière portative, mobile et à traverses, contenant le foyer et des tuyaux bouilleurs; sa forme peut être sphérique, cylindrique ou cubique.

———

CETTE chaudière A ou foyer mobile et moteur est supporté sur un arbre vertical B, le combustible se met par une trémise à deux tiroirs C, et les cendres se retirent de même D; la chaudière étant presque pleine d'eau, la vapeur, par sa réaction, fait tourner une roue à spirale E, tant qu'il reste de l'eau à évaporer, et une autre spirale F force l'air au foyer; mais une autre plus grande G, qui tourne dans la cheminée, fait servir la réaction de l'air brûlé et dilaté; on arrête la machine pour y mettre du combustible et de l'eau pour le temps voulu, et une roue dentée ou une poulie H est fixée à l'arbre B pour rendre le foyer moteur de machines. La double chaudière pourrait être supprimée, et alors on aurait un simple poéle, dont l'air brûlé et dilaté donnerait beaucoup d'air

comprimé au foyer ; la chaudière pourrait encore
avoir un arbre formé d'un tube qui tournerait
par en haut à frottement doux dans le bout de la
trémise, et par en bas dans le bout d'un tuyau
d'eau, afin d'y faire entrer l'eau et le combustible
sans arrêter la chaudière ; enfin cette chaudière
pourrait être formée d'un faisceau de petits tuyaux
tournant verticalement ou horizontalement au-
dessus d'un foyer fixe, etc. ; le reste comme ci-
devant.

FIGURE 27.

Chaudière pour évaporer, où l'on ne chauffe presque point de surfaces étrangères, mais bien une très-grande quantité de surfaces utiles, dans un petit espace, et sans avoir un grand volume de liquide à évaporer.

———

Cᴇᴛᴛᴇ chaudière est formée d'un cylindre A qui renferme le foyer B, et au-dessus se trouve une grande quantité de tuyaux à petit diamètre C, qui ont une issue D dans la chaudière, sur le derrière du foyer, et ils sont fermés à vis et écrous à l'autre extrémité E hors du foyer; ils sont inclinés pour que le liquide qu'ils contiennent tombe de lui-même dans la chaudière D, le tout pour être facilement nettoyé; la chaudière extérieure F est en ligne droite à son extrémité supérieure, pour présenter une large ouverture qui facilite l'évaporation du liquide; mais il pourrait y avoir de l'avantage à ce qu'une autre chaudière peu épaisse, faite en forme de couvercle, et montée sur

un piveau comme une grue, ou sur des gonds
comme une porte, ferme de temps en temps la
grande chaudière pour y concentrer la chaleur,
et chauffer dans ce couvercle du liquide par gradation ; le courant de chaleur G traverse une petite
partie de la chaudière par un bout D pour venir
la chauffer en dessous tout autour H, avant d'entrer dans la cheminée I ; et si l'on avait aussi besoin d'une machine à vapeur, les petits tuyaux D,
séparés de la chaudière A, en pourraient donner
une assez forte, en sorte que le foyer B servirait à
deux fins ; et comme un grand foyer est plus
avantageux qu'un petit, en ce que le combustible
y brûle mieux sans exiger plus de soin, il serait
très-bon de former ainsi de grands foyers pour
les utiliser après à différens objets à la fois.

FIGURE 28.

*Autre chaudière pour évaporer, où le liquide
est chauffé par gradation.*

CETTE chaudière est formée de plusieurs parties : celle A, qui contient le foyer, est faite de
deux demi-cylindres renversés, pour avoir l'ouverture en haut ; sur cette partie repose une autre
chaudière B à peu près construite comme la première pour être placée au-dessus du foyer C ; mais
au milieu du liquide qu'elle contient se trouve
une troisième chaudière D de même forme, servant seulement au courant de chaleur du foyer
C, lequel passe ensuite aux extrémités supérieures E de la deuxième chaudière, pour venir après
sous la première chaudière A qui contient le
foyer, et de là dans la cheminée G ; mais pour
multiplier à volonté les surfaces utiles ou chauffées, on pourrait les rendre très-immenses, en faisant les pourtours intérieurs des chaudières en

zig-zag H; et si on avait besoin de remuer le liquide dans la chaudière B de concentration, on
le ferait facilement avec une pagaie demi-circu-
laire; si on ne voulait pas chauffer les liquides par
gradation, la chaudière A, qui supporte le foyer,
pourrait servir comme machine à vapeur.

FIGURE 29.

Autre chaudière pour évaporer.

———

Cette chaudière est composée de plusieurs autres placées à la suite l'une de l'autre : la première A contient le foyer B, et les autres le courant de chaleur; elles ont la figure d'un carré long, ou bien elles sont arrondies par-dessous C, pour que le courant de chaleur D leur laisse moins de surfaces rayonnantes lorsqu'il revient au-dessous du foyer où se trouve l'embouchure de la cheminée E; la grille du foyer B avance jusque sur la deuxième chaudière F, afin d'y pousser le combustible, lorsqu'on vide la première A. Si toutefois cette première chaudière ne doit pas être plus basse que les autres pour en recevoir le liquide à la partie supérieure par un robinet, le liquide des chaudières F, placées sur un même plan, peut passer de l'une à l'autre par des robinets G adaptés à des tuyaux fixés au bas de ces chaudières, ou bien elles sont arrondies aux deux extrémités H, et supportées sur de petits essieux I, élevés et fixés sur le devant, afin d'élever les chaudières avec levier, palan, cabestan, etc., pour renverser tout-à-coup le fluide de l'une dans l'autre ; le canal servant au courant de chaleur peut être sinueux à la paroi inférieure J et à celles qui forment les côtés, et le liquide peut être remué par une pagaie rectangulaire qui descend au fond de la chaudière, dessous le premier courant de chaleur. On pourrait placer à quelques pouces au-dessus des chaudières des capacités peu épaisses pour chauffer par la vapeur et par gradation le liquide dont elles seraient remplies ; elles empêcheraient l'air atmosphérique de former un courant d'air aussi fort au-dessus du liquide qui en emporte trop la chaleur, et par conséquent elles la concentreraient dans les chaudières pour favoriser la sortie d'une plus grande quantité de vapeur et d'écume tout autour ; les chaudières K peuvent aussi être placées l'une au-dessus de l'autre, mais à la suite l'une de l'autre, pour que le liquide de l'une L tombe plus facilement dans l'autre M ; le courant de chaleur qui se fait intérieurement N, les traverse en remontant O intérieu-

rement aux extrémités ou bien extérieurement P,
et ce courant de chaleur revient ensuite au-dessous Q de toutes les chaudières pour joindre la
cheminée R près de la première chaudière; enfin
les chaudières S pourraient être placées, élevées
à côté l'une de l'autre; le courant de chaleur T,
après avoir traversé la première chaudière S, reviendrait aussitôt par-dessous U, avant d'entrer
dans la seconde V; des flotteurs pourraient être
placés dans les chaudières pour faire seuls la manœuvre des robinets, d'après un temps ou une
circonstance donnée.

Les chaudières X pourraient encore être circulaires ou longues et sinueuses, placées un peu
plus élevées l'une que l'autre pour la chute des
écumes dans les plus basses; elles pourraient être
appuyées sur des essieux Y pour le renversement
du liquide de l'une dans l'autre, ou bien il est
remonté par des pelles à soupapes au fond et à
manche de tuyau Z, même par un moteur quelconque; et toutes les chaudières reposent sur une
grande chaudière à traverses et à vapeur *a*, au-
dessus de laquelle se trouve le foyer *b* et le courant de chaleur qui chauffe successivement toutes
les chaudières, après quoi il revient chauffer en

dessous *c* la chaudière à vapeur, avant d'arriver
à la cheminée *e;* les cendres sont retirées du
courant, au moyen d'ouvertures *d* qui traversent
pour cet effet la chaudière à vapeur, lorsqu'elle
est sinueuse. On pourrait encore avoir une chaudière sphérique *f* à évaporer, où on pourrait faire
le vide, tant pour empêcher la pesanteur de l'atmosphère de s'opposer à la formation de la vapeur, que pour obvier aux courans d'air qui emportent la chaleur, et pour avoir des vapeurs
qu'on pourrait faire brûler utilement au foyer;
cette chaudière serait composée de deux autres
chaudières renversées l'une sur l'autre et réunies
par des tuyaux qui tourneraient l'un dans l'autre,
qui leur serviraient de gonds *g*, pour être fermées
l'une sur l'autre à la manière d'un couvercle. Cependant la partie supérieure *h* pourrait être fixe et
indépendante de l'autre *i;* elle porterait la pompe
j pour aspirer, et l'eau ou autre liquide qu'elle con-
tiendrait pourrait n'être qu'à une basse pression;
mais la chaudière inférieure *i* pourrait recevoir
une haute pression. Elle aurait deux doubles fonds
k pour chauffer le liquide à évaporer par la vapeur
l et par l'air brûlé du foyer *m;* qui arriveraient
d'un bout par un tuyau *n* et sortiraient par l'au-

tre. La chaudière d'enveloppe i, au lieu d'avoir
de l'eau, pourrait être remplie d'air comprimé, et
on ne ferait plus le vide au-dessus du liquide à
évaporer; mais l'air comprimé et échauffé le tra-
verserait dans toutes ses parties, pour faciliter la
formation de la vapeur qu'il entraînerait dans sa
course, afin de la faire agir avec lui dans un cylindre à piston, et donner par ce moyen un fort
moteur; le tuyau o, pour l'entrée de l'air comprimé, serait joint à celui p par où la matière
cuite doit sortir; seulement il y aurait deux robinets q pour intercepter les communications à
volonté, et un autre tuyau r servirait à la sortie
de l'eau de la vapeur condensée, ou bien des cendres apportées par l'air brûlé. Le liquide pourrait être chauffé en premier lieu dans deux longues chaudières fixées l'une sur l'autre, ainsi que
dans des tuyaux bouilleurs t; le foyer u serait dans
la chaudière inférieure v, pour chauffer l'autre x
au-dessus intérieurement et extérieurement y, et
le courant de chaleur reviendrait passer dessous z
la chaudière inférieure, laquelle pourrait aussi
être à vapeur avec les tuyaux bouilleurs t; enfin
dans les sucreries on peut par différentes manières, avec le feu nécessaire pour la cuite du

sucre, avoir des machines à air comprimé ou à
vapeur de la plus grande force, qui servent à la
confection de toutes sortes d'objets utiles, et sans
une plus grande consommation de combustible;
et comme le sucre ne se mange pas chaud, on
pourrait même le mettre refroidir dans des machines à air comprimé, pour ne rien perdre de
la chaleur qu'il emporte en sortant de la chaudière.

~~~~~~

FIGURE 30.

Chaudière portative pour faire chauffer des li-
quides, ou bien cuire des légumes, etc., avec
peu de combustible.

———

CETTE chaudière est composée d'un cylindre
vertical A, dans lequel entre une sorte de réchaud très-sinueux B, pour présenter beaucoup
de surfaces chauffantes ; au fond de ce réchaud
se trouve une grille C, qui reçoit le bois ou le
charbon introduit par une trémise à deux tiroirs
D. L'air nécessaire à la combustion est introduit
par un tuyau E, qui prend à la trémise et descend
jusqu'au-dessous de la grille, et l'air brûlé sort
par un autre tuyau F, qui sert de cheminée, fixé à
la trémise ; on pourrait supprimer le tuyau E qui
amène l'air, en le remplaçant par un simple trou,
si le tuyau cheminée F descendait alors au-dessous de la grille ; le combustible du réchaud étant
en ignition, on le met dans l'eau du cylindre A,
ou plutôt on l'emplit d'eau ou de matières à
~~~~~~

cuire après y avoir placé le réchaud; un robinet
G est au bas du cylindre, pour servir à retirer du
liquide à mesure qu'il chauffe, et plusieurs vais-
seaux H placés à côté l'un de l'autre au-dessus du
réchaud, tout autour de la trémise, chauffent au
bain-marie. Un semblable réchaud est facile à
nettoyer, quoique sinueux, en ce qu'il est postiche,
et que les matières à cuire ne peuvent s'y attacher
qu'extérieurement; il peut être facilement placé
dans une baignoire ou autre capacité pour y chauffer l'eau, etc.; et lorsque l'eau est presque chaude
ou les matières seulement à moitié cuites, on
ferme les issues E, F pour l'entrée et la sortie de
l'air, afin qu'elles continuent de cuire, et qu'elles
conservent long-temps la chaleur en cet état. Le
combustible en ignition étant ainsi sans air et
venant à s'éteindre plutôt que de se consommer,
donne du charbon qui sert à mettre le feu en
train pour une autre occasion.

Le réchaud I et le vase J peuvent avoir une
forme carrée; les côtés du réchaud ne sont point
sinueux, mais l'air froid, après être brûlé, passe
dessous la grille K, pour entrer dans un tuyau
serpentin L, qui tourne autour du réchaud et
sert ainsi de cheminée; il donne par ce moyen

une grande quantité de surface chauffée, et il sort extérieurement, après être rentré dans le réchaud, pour sortir par le tuyau M d'air froid qui sert aussi de passage au combustible. Une casserole en cercle N s'emmanche dans le bout de ce tuyau pour chauffer au bain-marie au-dessus du réchaud et concentrer la chaleur dans le vase J ; le reste est comme ci-devant. Le vase O peut être double et avoir l'intérieur et son fond P très-élevés et sinueux, de manière à pouvoir être placé au-dessus d'un réchaud en grillages Q, que les côtés R du vase renferment, lesquels reposent sur des rebords S ou canal fixés autour d'un petit vase plat T, qui supporte le réchaud. Ce petit vase a une ouverture U au centre, pour le passage de l'air foidr et d'un tuyau cheminée V, qui s'élève au-dessus du réchaud pour le passage de l'air brûlé. Le grand vase O supporte une ou plusieurs casseroles X qui chauffent au bain-marie, et le petit T porte un robinet Y pour l'entrée et la sortie de l'eau ; mais il faut soulever le grand vase pour remettre du combustible, etc.

FIGURE 31.

Chaudière pour chauffer beaucoup de surfaces utiles et peu d'étrangères, et sans en laisser beaucoup de rayonnantes.

———

Cette chaudière est composée de deux parties : la première A, qui contient le foyer, forme un canal à rebords, qui donne un long courant de chaleur sous la deuxième partie qui a la forme conique B, et la grille C se trouve placée au milieu de la première, qui est trouée en dessous pour le passage D de l'air froid ; le combustible est placé au-devant du foyer, dans un coursier incliné E, où il est allumé auparavant d'être poussé sur la grille ; le courant de chaleur passe par une ouverture F, large et peu profonde, pour entrer dans le canal G qui circule autour du fond de la chaudière, d'où il sort par un passage à registre H, qui limite le courant avant d'entrer dans différens canaux horizontaux I qui garnissent tout le tour de la chaudière ; chaque canal présente trois côtés utiles de chauffés ; le quatrième J, qui ferme les canaux, est de matières peu conductrices ; le courant de chaleur passe d'un canal à l'autre, au moyen d'arrêts K qui en arrêtent le cours, et par des ouvertures L qui communiquent de l'une à l'autre, ou bien des bouts de tuyaux M, placés extérieurement, pourraient conduire l'air brûlé d'un canal à l'autre ; un tuyau N joint les deux robinets au sommet pour la sortie de la vapeur qui pourrait s'y former, et un autre registre O est placé au-dessous du passage de l'air au foyer ; tous les canaux horizontaux I pourraient être changés par un canal spiral.

Autre chaudière. — Ses parois sont formées d'une spirale P conique, dont la base Q est en haut, pour chauffer plus en ascendant une grande quantité de surfaces utiles. Cette chaudière repose sur une autre chaudière R aussi conique, mais qui pourrait être à traverses, et formée de plusieurs parties placées à côté l'une de l'autre, en laissant un petit intervalle S pour dégorger la spirale lorsque le tout n'est pas portatif, et cela au moyen d'un fil de fer à raclette. Le foyer T est dans cette dernière chaudière, et le courant de chaleur se fait par le canal spiral triangulaire P,

formé par les deux chaudières. La chaudière spirale pourrait recevoir intérieurement U un grand
réchaud à courant, comme ci-devant. On peut
encore faire une chaudière en forme de cylindre
V dans le même principe ; le fond X est un peu
élevé au-dessus du foyer Y, qui est fixé dans un
cercle Z en maçonnerie, ou bien sur une deuxième
chaudière, qui forme un rebord élevé pour contenir le foyer, et le courant de chaleur se fait
dans un canal spiral ou deux a tout autour du
cylindre ; le fond b est troué pour le passage d'un
autre courant de chaleur dans un canal spiral c
qui est intérieurement et au-dessus de ce fond ;
il y a aussi une grille e pour recevoir du combustible ; cette chaudière peut être fixe ou postiche.

FIGURE 32.

Autre chaudière.

Le fond A de cette chaudière est sinueux, ainsi que le pourtour B; le foyer est au-dessous, dans une sorte de creuset en fonte ou en briques C, mais dont le rayonnement se fait sur le pourtour D intérieur de la chaudière qui enveloppe le creuset; le courant de chaleur s'élève pour déborder le creuset tout autour, afin de descendre pour aller chauffer les sinuosités extérieures B de la chaudière; elles sont formées de canaux triangulaires, mais divisés en demi-cercles par deux traverses verticales, diamétralement opposées E, pour former deux courans de chaleur; on pourrait n'avoir qu'un seul courant, et il passerait d'un canal à l'autre par des cavités F pratiquées à côté dans la maçonnerie.

Autre chaudière. — Son fond G est très-élevé, et le foyer H est sur une autre chaudière mobile qui tourne avec des tuyaux I à frottement doux,

qui lui servent d'essieu, pour être élevée ou abaissée, afin de recevoir le combustible. Cette petite
chaudière est trouée au milieu J pour le passage de
l'air sous la grille du foyer, et elle a un levier à
poids K qui lui fait équilibre ; le courant de chaleur commence en haut L de la chaudière, près du
fond, au moyen d'un tuyau serpentin M qui descend dans le liquide entre les deux cylindres, et
il remonte extérieurement dans un autre canal
spiral N pour chauffer la partie extérieure de la
chaudière. Une autre chaudière O pourrait être
formée de deux parties coniques, ayant leur base
P l'une sur l'autre ; le combustible serait mis par
une ouverture supérieure à deux tiroirs Q qu'on
tiendrait ensuite fermée, et la chaleur descendrait
du haut R de la chaudière par un tuyau spiral
S, pour remonter et chauffer extérieurement la
chaudière dans une autre spirale T, formée par
des traverses U et la maçonnerie du fourneau.

FIGURE 33.

Fourneau, chaudière et cuisine portative, pou-
vant servir de poéle, etc.

———

CETTE chaudière A est conique, la partie intérieure est sinueuse B, et le foyer C est placé en
bas dans un réchaud en grillage ; le vase D, qui
entre dans cette chaudière au-dessus du foyer,
est sinueux comme la partie intérieure B de la
chaudière, pour avoir tout autour une grande
quantité de surfaces chauffantes, et proportionnellement moins de rayonnantes ; il y a trois petits
tuyaux cheminée E pour diviser ou diriger le
courant de chaleur tout autour ; le vase D pourrait être divisé en plusieurs autres vases F, placés ainsi l'un au-dessus de l'autre et même aussi à
côté l'un de l'autre, en laissant un petit intervalle
pour que la chaleur circule tout autour ; elle
chaufferait par gradation si on mettait des arréts
G pour en alonger le courant ; les parois des vases
présenteraient encore plus de surfaces chauffan-

tes, si elles étaient formées de petits angles saillans
et rentrans H, qui les rendissent encore plus sinueuses, et le tout est recouvert par une casserole
I, qui chauffe au bain-marie, ses parois peuvent
être également sinueuses ; il est facile de voir que,
pour avoir un plus grand foyer J, il faut seulement
ôter un des vases ou deux K inférieurs ; la chaudière d'enveloppe A peut contenir des légumes à
cuire, si l'ouverture L est assez grande pour passer la main qui doit la nettoyer, ou bien elle
chauffe de l'eau qui donne de la vapeur pour
cuire différens objets, et alors on peut faire descendre tout autour des parois extérieures M le
courant de chaleur des trois tuyaux E, afin de le
faire remonter ensuite.

Autre chaudière cuisine. — Elle est composée
de deux cylindres emmanchés l'un dans l'autre A,
et elle repose sur les bords, formés d'un canal
rempli de cendres, d'une bouilloire plate B qui
supporte la grille du foyer C ; cette bouilloire
est trouée au centre D pour le passage de l'air froid
au foyer, et sur le côté se trouve un robinet E par
où entre et sort le liquide à chauffer ; les vases au-
dessus du foyer ont la forme de doubles anneaux
F, placés les uns sur les autres, de manière à pou-

voir être chauffés tout autour, et selon les différens objets à cuire; les vases qui les contiennent
sont plus ou moins grands ou épais, leurs parois
sont plus ou moins sinueuses, et leur position
plus ou moins éloignée du foyer C; une casserole
G, chauffant en partie au bain-marie, couvre le
tout; elle peut avoir au centre, ainsi que son couvercle, un passage H pour le combustible et l'air
brûlé par un tuyau postiche qui sert de cheminée
I, et toutes ces issues se ferment à volonté pour
concentrer davantage la chaleur.

Autre moyen. — La grande chaudière d'enveloppe J et le fond troué K sont réunis; le pourtour intérieur L est sinueux, et il n'y a qu'un vase
annulaire M, et au milieu un autre vase N qui est
conique et sinueux; ils sont couverts par plusieurs
casseroles O qui chauffent au bain-marie; mais le
courant de chaleur passe à côté P des vases pour
aller chauffer tout autour un vase à rôtir Q, et
le tout est recouvert par un couvercle, vase ou
casserole trouée au milieu R pour le passage de
l'air brûlé au tuyau cheminée S.

FIGURE 34.

Autre chaudière, poéle, cuisine, etc.

La chaudière ou cylindre d'enveloppe A, si elle doit servir comme machine à vapeur, a sa partie intérieure sinueuse avec des traverses à courant qui la fortifient B; elle repose ainsi sur un vase plat, troué au milieu C pour le passage de l'air sous la grille du foyer D. Le vase E, pour cuire différens objets placés au-dessus du foyer, a son fond très-élevé G, pour avoir une infinité de tuyaux H, qui présentent une grande quantité de surfaces chauffantes; ou bien selon la grosseur des objets à faire cuire, il peut avoir seulement la forme d'un anneau épais I au-dessous de son fond sinueux J ou non K; les tuyaux L peuvent être à courant sinueux M ou non N, et au lieu de tuyaux il peut y avoir des cases droites O ou sinueuses P. Ces cases peuvent être remplacées par des capacités en forme de dés sinueux Q ou non R; enfin le tout peut être aussi remplacé par des tranches de tuyaux en spirale, courbées S ou droites

T, serpentant ensuite l'une au-dessus de l'autre; et la chaudière d'enveloppe U peut aussi être formée d'un tuyau en spirale horizontal ou bien de planches de demi-tuyaux V; le tout dans l'intention de donner de la force et beaucoup de surfaces chauffantes dans un petit espace, afin qu'elles puissent être chauffées par un petit foyer. Lorsque les vases n'ont pas l'ouverture assez grande pour le passage de la main, on les nettoie avec un linge au bout d'un petit bâton ou d'un fil de fer, et on pourrait faire un instrument pour cet effet. La première enveloppe X faisant cuire des objets quelconques ou donnant de la vapeur, elle peut être entourée d'une deuxième enveloppe Y, dont le couvercle a et le fond b sont à tuyau à charnière; pour que le tout ne forme qu'un seul vase, un tuyau élevé c amène l'air froid au foyer, et l'air brûlé descend pour passer au centre du premier fond d, autour du tuyau d'air c, pour se répandre entre les deux enveloppes, et sortir ensuite par un tuyau cheminée e; on pourrait aussi pratiquer deux très-petites ouvertures f; à la moitié de la hauteur de la première enveloppe, pour diriger dans cette partie un faible courant de chaleur.

FIGURE 35.

Autre moyen.

Cette chaudière A a la forme d'une grande marmite, mais trouée au fond B pour être vissée ou non avec le réchaud C qui contient le foyer D. L'air froid arrive au foyer par ce passage, et l'air brûlé s'en retourne de même par un tuyau élevé E et recourbé pour servir de cheminée F. L'extrémité G supérieure du réchaud est assez grande pour le passage du combustible, et il y a une circonférence de tuyaux coudés H sur tout le pourtour du réchaud, pour venir joindre ce passage G; cela multiplie les courans de chaleur et les surfaces chauffantes, et le tout est ensuite recouvert par une casserole sinueuse I, qui chauffe en grande partie au bain-marie.

Autre manière.—La chaudière peut avoir la forme conique par le bas J, et les tuyaux à courant sont courbes K pour être plus faciles à dégorger. La casserole et son couvercle forment deux douilles à leur

centre L, autour du passage M du combustible ;
une le ces douilles N est trouée de côté, pour le passage de la chaleur tout autour d'un vase O qui sert
de four, laquelle rentre dans le tuyau cheminée P,
en passant au travers de la douille Q du couvercle
du four, à un endroit plus élevé, afin de chauffer
ainsi facilement plusieurs vases les uns au-dessus
des autres ; le tout peut être ensuite recouvert par
un couvercle R de matières peu conductrices, ou
avec une casserole pleine d'eau.

La chaudière d'enveloppe S peut être encore
réunie ou non à son fond T ; elle peut avoir la
forme d'un carré long, et elle reçoit de côté U
l'air qui arrive sous la grille V, ainsi que le combustible. Un premier vase X se trouve au milieu
du foyer, et un autre conique Y est placé au-
dessus, de manière que la chaleur circule tout
autour de chacun d'eux. Un grand vase a à
douille les entoure tous les deux, et ce vase est
recouvert par une casserole à douille b avec son
couvercle ; la douille c de ce couvercle est un peu
trouée de côté d, pour faciliter un petit courant de chaleur tout autour du vase ; le tout est
ensuite entouré et recouvert par une chemise e
qui a son fond f au milieu de sa hauteur ; il est

troué *g* pour le passage de l'air brûlé, qui pourrait encore servir à faire brûler du combustible placé sur une grille *h* qui repose sur ce fond, pour former en quelque sorte une deuxième cuisine ou bien un endroit *i* pour chauffer différens objets ; cette chemise est ensuite recouverte par une casserole *j* qui a un passage au centre pour le tuyau cheminée *k*.

FIGURE 36.

Autre cuisine, mais postiche dans toutes ses parties.

———

ELLE est composée de plusieurs capacités A placées l'une au-dessus de l'autre, reposant sur des couvercles à canaux remplis de sable ou de cendre B. La première contient le foyer C qui reçoit l'air et le combustible sur le devant D; au-dessus du foyer est un vase qui a son fond E garni de petits tuyaux F; il repose par des oreilles G sur des arrêts fixés au vase d'enveloppe A. Le deuxième vase d'enveloppe H a sa partie intérieure sinueuse I, et il renferme aussi un vase J, dont le pourtour et le fond peuvent être sinueux. Le troisième vase d'enveloppe K est formé de plusieurs anneaux, vases à courant L haut et bas, et le tout est recouvert par une casserole trouée au milieu M, pour le passage du tuyau cheminée N; comme tous les vases vont également l'un au-dessus de l'autre, la quantité qu'on place ainsi est

limitée par celle des objets à faire cuire, et selon que ces objets sont plus ou moins difficiles à
cuire, ils sont aussi plus ou moins rapprochés du
foyer et mis de même dans les vases plus ou moins
sinueux, épais de volume et de métal ou autres
matières qui leur convient le mieux. Il y a des
tuyaux O ou autres ouvertures sur les côtés des
vases pour communiquer avec chaque vase pendant la cuisson afin de ne rien déranger.

Autre manière. — Le vase d'enveloppe P est
d'une ou plusieurs pièces; et sa capacité est formée sur trois côtés seulement; le quatrième Q
sert pour l'entrée des casseroles R, du combustible
et de l'air à tous les foyers S placés l'un au-dessus
de l'autre, et toutes ces ouvertures se ferment avec
des portes, vases ou réfractaires plus ou moins
grands T. Au-dessous de chaque grille se trouve
une tôle U trouée à plusieurs endroits vers le milieu V, pour favoriser le courant d'air brûlé d'un
foyer à l'autre; et au-dessus de chaque foyer se
trouve une casserole R dont le couvercle X est
à rebords évasés, pour empêcher les cendres du
foyer supérieur de tomber dans la casserole du
foyer inférieur, lorsqu'on l'ouvre pendant la cuisson, en élevant un peu le couvercle au-dessus,

lequel se manœuvre, ainsi que la casserole, au
moyen d'une petite fourche de fer qui s'appuie
sur les rebords Y, et le tout est recouvert par une
casserole à tuyau cheminée sur le derrière. On
n'allume que la quantité de foyers inférieurs a
nécessaire au degré de chaleur désiré, et l'on place
à un endroit plus ou moins élevé les objets plus
ou moins durs à cuire, et cela au fur et à mesure
qu'ils cuisent; et aussitôt qu'il y en a qui sont
ainsi cuits par gradation, on les reporte à la
partie supérieure b, et ils concentrent la chaleur.

FIGURE 37.

Autre moyen.

Ce sont plusieurs petites chaudières carrées ou
circulaires A, qui renferment chacune un foyer B
et un vase D; le courant de chaleur se fait de
l'une à l'autre par des tubulures C qui réunissent
toutes les chaudières. Le devant ou l'entrée D de
l'une se trouve vis-à-vis du derrière E de l'autre,
pour que le courant de chaleur se fasse toujours
d'un bout à l'autre de chaque foyer; et si toutes
ces chaudières doivent donner de la vapeur, elles
sont réunies par des tuyaux à robinets F. Chaque
chaudière supérieure G pourrait servir de couvercle H à celle qui lui est inférieure I, au moyen
de douille J au fond de l'une, qui s'emmanche
dans une autre douille K fixée à la partie supérieure de l'autre; enfin on peut aussi former une
cuisine horizontale qui concentre la chaleur; pour
cela elle est circulaire ou carrée. Le pot au feu L
est au centre sur le foyer principal, qui est en-

touré de plusieurs autres petits foyers, sur lesquels reposent des casseroles; le tout est en métal
et forme deux principales parties, qu'on détache
à volonté l'une de l'autre : la première M a la
forme d'une chaudière ordinaire et dedans se
place la deuxième N, de manière à ne laisser
qu'une très-mince épaisseur d'eau O tout autour;
les parties P, qui y séparent les foyers ou fourneaux l'un de l'autre, sont peu épaisses pour cet
effet; l'air froid arrive au centre sous le foyer du
pot au feu L, par un tuyau Q qui sort entre
deux foyers ou fourneaux, et le courant de chaleur circule en remontant autour du pot, au
moyen d'une spirale fixée à la grille; arrivé en
haut R, il descend dans un autre fourneau par
une autre spirale, aussi fixée à une autre grille
pour chauffer une casserole en tournant tout autour; de là il passe pour remonter dans un autre
foyer S, et ainsi de suite jusqu'à ce qu'il soit arrivé au tuyau cheminée T, fixé près du tuyau
Q à air froid; on ne met du combustible sur toutes les grilles qu'autant que cela est nécessaire, et
les fourneaux U, où on ne cuit rien, sont couverts
d'une casserole pleine d'eau ou autres couvercles réfractaires; leurs bords recourbés pourraient entrer

dans un canal rempli de cendre ou de sable, etc.
Si la chaudière M était à vapeur, le tout pourrait
être couvert d'une autre chaudière qui chaufferait
l'eau par gradation en faisant sortir extérieurement aux fourneaux les tuyaux d'air froid Q et
brûlé T; cette manière, qui concentre la chaleur
dans un petit espace où il y a peu de surface
rayonnante, convient aussi aux chaudières à sucre
et autres.

FIGURE 38.

Poële, cheminée, cuisine, etc.

Pour faire servir la cheminée A qui est au-devant du poële B, le combustible est placé sur une grille C un peu plus abaissée que celle D qui est dans le poële, laquelle peut aussi recevoir en même temps du combustible ; le poële contient deux fours E, l'un au-dessus de l'autre, pour donner un long courant de chaleur F qui se fait tout autour, et aussi pour avoir une grande quantité de surfaces rayonnantes, lorsque les fours sont laissés ouverts G ; ils sont troués au fond H pour recevoir des vases I dans lesquels cuisent différens objets ; et lorsqu'on ne cuit rien, ou seulement du pain, les trous ou passages sont bouchés par des couvercles dont les rebords entrent dans des petits canaux remplis de cendre J ; sur les côtés du poële ou au fond, une rôtissoire K de matière peu conductrice y pourrait être placée, la graisse coulerait dans un petit vase L au-dessous,

pour être reportée dans un autre vase M au-dessus, servant comme de trémise, et donnant peu à
peu la graisse dans une gouttière inclinée et criblée
de petits trous N pour répandre la graisse également sur toute la viande à rôtir ; au-dessus O du
poêle et d'un carré long P qui conduit le courant
de chaleur au tuyau cheminée Q, se trouvent
quantité d'ouvertures R pour recevoir des pots
où des réchauds S lorsqu'on ne fait pas de feu
dans le poêle ou qu'on n'en fait pas assez ; et lorsqu'on ne fait rien cuire, ces passages sont fermés
par des couvercles et canaux de cendre T, comme
il a déjà été expliqué ; des couvercles ou bouts
postiches U sont au bout du carré long et du
tuyau cheminée, pour les dégorger facilement.
On peut placer ainsi plusieurs autres cuisines postiches V sur un poêle quelconque ; pour cela, un
tuyau coudé X, supportant la cuisine, entre d'un
bout Y dans le poêle comme un pot, et de l'autre
dans une tubulure a qu'on ouvre au tuyau cheminée b ; et au moyen d'une clef c au-dessous du
tuyau, on dirige à volonté le courant de chaleur
dans la cuisine postiche V ou portative ; au lieu
de cuisine, on peut placer ainsi une machine postiche pour les fers à repasser, pour brûler le café,

ou enfin pour tout autre service, tel qu'un faisceau de très-petits tuyaux qui donnent de l'eau
chaude ou beaucoup de surfaces rayonnantes;
autour du tuyau cheminée est une spirale d recouverte d'un autre tuyau e, dans lequel se fait et
chauffe un long courant d'air froid, qui arrive au
travers du plancher ou d'un mur quelconque
pour aller chauffer d'autres chambres: ce courant
fera servir la chaleur décroissante du foyer C, s'il
arrive dans une spirale verticale ou horizontale à
l'extrémité f la plus éloignée du foyer; mais si on
introduit de l'eau dans la spirale par le robinet
d'en haut g, elle sortira chaude par le robinet
d'en bas h, et si on laisse les deux robinets ouverts, l'air de la chambre ira se chauffer dans la
spirale, en formant un courant de bas en haut.

FIGURE 39.

Autre poéle, cuisine, calorifère, etc.

———

QUOIQUE toutes mes machines à vapeur, formées de chaudières à traverses, à tuyaux bouilleurs, à tuyaux en spirale et à planches de tuyaux, peuvent également servir de poêles, calorifères, de petites machines à air comprimé et à gaz moteur, ainsi que de cuisines à vapeur, etc.; je crois devoir encore faire connaître d'autres moyens d'utiliser plusieurs fois la chaleur dans les appartemens avant qu'elle puisse se perdre dans l'atmosphère.

La forme du poêle est celle d'un carré long, pour pouvoir recevoir du bois A d'une assez grande longueur ; et immédiatement au - dessus du foyer il y a plusieurs rangs de tuyaux B d'un très-petit diamètre, qui dépassent le poêle des deux bouts C, pour avoir beaucoup de surfaces rayonnantes, donnant des courans d'air chaud ; la partie supérieure du poêle est trouée pour servir de cuisine D, et dans le tuyau cheminée E, vertical ou hori-

zontal, est adapté un faisceau de très-petits tuyaux
F qui reçoivent l'air froid extérieur, arrivant par un
tuyau G qui traverse les murs ou le plancher ; l'air,
qui s'échauffe en passant au travers de ces deux
faisceaux de tuyaux B F, peut aller chauffer d'autres appartemens ; si le poêle était à vapeur, ses
deux plus long côtés H pourraient être à traverses, à courans, et les faisceaux de tuyaux bouilleurs pourraient ne former que deux longues spirales, où l'eau chaufferait graduellement.

FIGURE 40.

Cheminée, poéle, cuisine, calorifère, etc.

Sa forme est carrée, le combustible se met
dans la cheminée A, dont deux des côtés sont inclinés B, et deux autres obliques C pour réfléchir
dans la chambre les rayons calorifiques ; le courant de chaleur est alongé par deux grandes traverses, dont une D est fixée en bas, et l'autre E
en haut ; un deuxième foyer F peut être placé sur
une grille, au bas des deux traverses, pour faire
bien brûler les produits de la combustion du premier foyer A. Le combustible est mis dans le
poêle par une porte de côté G, et deux autres petites ouvertures H sont aussi pratiquées de ce même côté pour retirer les cendres ; le courant de
chaleur monte ensuite dans un faisceau de tuyaux
I, pour joindre le tuyau J qui conduit l'air brûlé
au dehors ou à la cheminée, et l'air froid extérieur arrive dans un grand tuyau K qui renferme
le faisceau de tuyaux ; les traverses D étant dou-

bles, ainsi que le pourtour L du poêle, l'air peut aussi y être introduit pour être chauffé et conduit partout où besoin est ; le dessus du poêle est troué pour servir de cuisine M comme ci-devant, et une ou deux spirales de tuyaux N, qui circulent autour de la première traverse, peuvent servir à donner de l'eau chaude ou de la vapeur, quand on en a besoin ; autrement on tient les robinets haut et bas ouverts, et elles chauffent de l'air.

FIGURE 41.

Poêle, cuisine, chaudière à vapeur, etc.

Il est composé de deux cylindres A emmanchés
l'un dans l'autre pour former une chaudière, ou
bien ils sont fondus ensemble avec des traverses
B qui les fortifient ; cette chaudière verticale repose
sur un autre vase plat C, à traverses, troué au milieu pour le passage de l'air au foyer D ; la partie
supérieure est formée d'un autre vase plat, à traverses et à tuyaux bouilleurs E au-dessous, mais
troué au centre F pour le passage du combustible, et aussi vers le pourtour G, pour la sortie de
l'air brûlé au tuyau cheminée H ; le passage du
combustible peut aussi recevoir un tuyau coudé I
qui aille rejoindre le tuyau cheminée, dont la clef
est fermée J, après avoir fait chauffer un brûloir
à café K, ou bien une cuisine de forme carrée L,
où le courant de chaleur se divise alors à volonté
des deux côtés, ou d'un seul M, pour arriver
au tuyau cheminée au-dessus de la clef N. Cette

cuisine étant postiche, peut aussi être employée à volonté pour donner une plus grande quantité de surfaces rayonnantes, lorsqu'elle est fermée par tous ses couvercles sur les fourneaux O ; le tuyau cheminée à deux tubulures P peut recevoir un faisceau de petits tuyaux Q postiches, qui donnent une grande quantité de surfaces chauffantes et rayonnantes, et une clef R plus ou moins ouverte fait perdre ou utiliser la quantité de chaleur désirée dans la chambre en ne laissant que le tirage nécessaire pour qu'il ne fume pas. De semblables faisceaux de tuyaux postiches pourraient être aussi avantageusement adaptés à tous les poêles, et même sur le devant ou sur les côtés des cheminées ; par ce moyen, on peut donner plus d'air aux foyers pour qu'ils dégagent plus de chaleur, et sans en perdre plus qu'on ne le veut par la cheminée.

~~~~~~

FIGURE 42.

*Cheminée calorifère, dont le surmanteau est
une cuisine.*

———

Lorsqu'on veut faire servir la cuisine à cuire
différens objets A, ou seulement pour donner
plus de surfaces chauffantes, on ferme la clef B
de la cheminée qui ouvre en même temps le passage C au courant de chaleur à une extrémité D de
la cuisine, lequel revient à l'autre bout E de cette
cuisine avant de rentrer dans la cheminée; cette
cheminée est formée d'un tuyau sinueux dans un
vide de maçonnerie jusqu'à la hauteur du plancher
F, afin que les rayons calorifiques agissent par réfraction sur ce tuyau G; et un courant d'air froid,
pour faire servir la chaleur décroissante, arrive
de l'extrémité supérieure H pour sortir échauffé
au bas de la cheminée I; et si l'air de la chambre
entrait par ce dernier passage en bas, il en sortirait plus échauffé vers le plancher à l'autre passage G.

11.
~~~~~~

Autre cheminée qui s'agrandit à volonté, pour chauffer selon la saison un grand appartement au rez-de-chaussée. — Les deux côtés J et le dessus de la cheminée K sont à tiroirs pour être retirés obliquement, afin que le foyer L puisse recevoir une plus grande quantité de combustible à la fois ; la cheminée se trouve à l'autre extrémité de la chambre M, le courant de chaleur s'élève au-dessus du foyer jusqu'au plancher N pour descendre ensuite de l'autre côté d'une traverse O qui divise cette hauteur en deux parties, et le courant se fait après sous un caniveau à plusieurs branches P Q d'un bout à l'autre de la chambre, où se trouve alors la cheminée M, laquelle est aussi formée jusqu'au plancher par un caniveau vertical à minces parois R ; le courant de chaleur est réglé par une soupape S au-dessus du foyer, et un courant d'air froid T pourrait avoir lieu tout autour de cette sorte de cheminée N, ainsi que dans la traverse O ; une petite porte U au-devant du foyer sert à dégorger le canal au-dessous V lorsque cela est nécessaire.

On pourrait encore avoir une cheminée agrandissante, au moyen de portes *a* en tôle ou en fonte, qui s'ouvrent et se ferment plus ou moins

sur les jambes de la cheminée; un paravent formé
de deux parties *b* peut aussi se ployer en éven-
tail, de manière à pouvoir entrer dans les jambes de la cheminée *c;* enfin on aura aussi un
poêle agrandissant *d,* au moyen de deux parties
qui s'emmanchent l'une dans l'autre, comme un
étui; mais soit qu'on construise des cheminées ou
des poêles *e,* on devrait toujours les former de
petits angles saillans et rentrans *f* de manière à
avoir une très-grande quantité de surfaces à
chauffer dans un petit espace, ou enfin par un
petit foyer qui en est très-rapproché pour pouvoir
les élever à une haute température. Un poêle cuisine postiche *m,* formé d'un caniveau ou d'un
demi-caniveau *g,* ayant un petit tuyau cheminée
au milieu *h,* peut être placé en travers sur les
chenets *i* de tous les foyers ordinaires; l'air arrivant par les deux extrémités, ramène au-dessus
de la flamme les produits de la combustion qui
sortent des extrémités des morceaux de bois, etc.

FIGURE 43.

Petite cuisine chauffée à la lampe le soir, dans la saison d'été, où on n'a besoin que de lumière, et surtout pour les habitans de la campagne, qui n'ont souvent qu'à faire chauffer et cuire des objets qui n'exigent pas une haute température.

CETTE machine est une lampe ou une chandelle à double courant d'air A qui brûle dans un verre à quinquet, dont l'extrémité B entre un peu dans un vase C qui a sa partie inférieure en forme d'anneau D, et son fond E est au milieu de sa hauteur ; le liquide chauffera par gradation si on met horizontalement plusieurs vases à côté l'un de l'autre F, mais assez élevés G pour que le liquide tombe de l'un dans l'autre en ouvrant des robinets H, et le courant de chaleur se fait audessous de tous ces vases qui ont leur fond fait en voûte I pour en former le conduit à la cheminée, et auprès de laquelle cette petite cuisine est at-

tachée au mur dans un lieu le plus convenable
pour éclairer la chambre.

Empêcher à une cheminée ou à un poêle de
fumer, cela est certainement une bonne chose ;
mais il ne faut pas que ce résultat soit obtenu trop
aux dépens de la chaleur, car on sait qu'un grand
foyer, mis à une haute température, donne un
grand courant d'air qui porte en quelque sorte la
flamme ou le courant d'air ou gaz non brûlés,
chauffés au rouge, jusqu'au haut de la cheminée,
et par ce moyen il ne fume jamais ; et un petit
foyer renfermé avec sa cheminée dans des capacités circulaires non conductrices, présentant la
moindre quantité possible de surface chauffée,
ne fumera pas non plus, puisque toute la chaleur
sortira par la cheminée ; mais alors plus des
trois quarts du calorique produit sont perdus ; le
moyen de retirer la plus grande partie du calorique produit, et d'en produire le plus possible, avec
une quantité de combustible donnée, est que tout
l'air doit traverser une assez grande épaisseur de
combustible en ignition, qui donne un feu à une
haute température, pour brûler une grande partie
de l'air atmosphérique et les gaz que dégage le
combustible ; cela diminuera le courant de la

cheminée sans qu'il fume, laquelle doit être en tôle jusqu'à une certaine hauteur, et autour de laquelle doit circuler un courant d'air froid en spirale qui arrive par en haut pour amener dans la chambre une grande partie de la chaleur emportée par le courant d'air ou d'azote non brûlés, et on ouvre les soupapes d'entrée et de sortie du tuyau spiral d'air froid, de manière à régler ce courant, en sorte qu'il n'y ait de perdu que la moindre quantité possible de calorique qui est nécessaire au courant de la cheminée pour ne pas fumer. Les poêles de faïence, presque sans tuyaux, et qu'on place avec leur colonne dans des niches, semblent pourtant n'avoir pour but, avec leur matière épaisse, polie et peu conductrice de chaleur, que de concentrer le calorique dans le poêle, afin qu'il sorte presque en totalité par la cheminée, et très-peu dans la chambre pour la chauffer. Certes, de semblables poêles doivent donner alors une chaleur bien douce; mais ne pourrait-on pas obtenir ce résultat avec plus d'éco_ nomie au moyen d'un petit poêle de matière très-mince et très-conductrice, dans lequel on brûlerait peu de combustible pour n'avoir que le degré de chaleur voulu; mais il faudrait seulement que

(169)

le feu fût un peu plus de temps prolongé pour donner la petite quantité de chaleur qui reste concentrée dans un grand poéle de faïence, après qu'on
en a cessé le feu ; cependant il y a moyen de bien
utiliser la matière peu conductrice des poéles de
faïence, et qui tend à mieux faire brûler les mauvais combustibles ; pour cela, le combustible est
mis dans le poéle par une ouverture horizontale,
fermée par un couvercle dont les bords plongent
dans un petit canal circulaire rempli d'eau, et
l'air arrive au-dessous de la grille par un tuyau
coudé pour être aussi à volonté fermé hermétiquement par un couvercle dans un canal d'eau,
et une soupape est aussi au tuyau cheminée du
poéle. Voici comment on empêche une grande
partie du calorique de se perdre par le courant de
la cheminée : lorsque le combustible est en ignition, on ferme la soupape au tuyau cheminée, et
le couvercle sur le tuyau coudé d'un courant d'air
froid, pour qu'il n'y ait aucun courant, et par
conséquent point d'issue pour la fumée ; on pourrait même charger très-peu la soupape et les
deux couvercles de quelques petits poids un peu
plus forts. Par ce moyen, toute la grande quantité de calorique dégagée dans tout le combus-

tible en ignition, est forcée de se répandre dans la chambre, ne pouvant plus sortir avec l'air par la cheminée; et un peu avant que le feu soit tout-à-fait éteint, on met d'autre combustible en ouvrant toutes les issues, et lorsqu'il est encore arrivé en ignition, on concentre de nouveau toute la chaleur dégagée. Par cette manœuvre, qui n'est pas trop souvent répétée, on peut économiser plus de la moitié du combustible, et ce poêle sert aussi pour faire du charbon. Pour ceux qui aiment le luxe, ils pourraient le faire servir utilement, en faisant tapisser le devant de la cheminée et les côtés avec des carreaux épais, très-sinueux et bien faïencés, pour envoyer la chaleur dans la chambre; et, en conservant la chaleur qu'ils auraient pu prendre à la longue, ils rendraient la chambre chaude pendant un certain temps après que le feu serait éteint, et cela surtout si on fermait la soupape de la cheminée. Il y a quantité de moyens pour retenir le calorique dans une chambre, soit en lui faisant chauffer des objets postiches pour être portés après aux endroits voulus; soit en empêchant un trop grand courant d'air qui amène du froid et emporte de la chaleur; mais on ne fait usage d'aucun de ces moyens;

cependant, lorsqu'on commence à allumer un feu, et qu'il ne fume pas avant qu'il y ait encore rien de très-chauffé dans la cheminée, c'est qu'il ne faut pas un grand tirage; mais alors il deviendra beaucoup trop grand, lorsque le foyer sera arrivé à une très-haute température; si on ne peut diminuer les ouvertures immédiatement après le foyer.

On peut encore avoir, avec avantage, des poêles de faïence, de terre cuite, de pierre factice, ou bien seulement de briques maçonnées, pour que les mauvais combustibles y brûlent mieux qu'autrement; mais il faut adapter au tuyau cheminée des faisceaux de très-petits tuyaux postiches, qui fassent servir à volonté presque toute la chaleur dégagée, en sorte que si le poêle concentre la chaleur, ces tuyaux la dépensent, afin qu'il n'y ait toujours que la quantité de perdue qui est strictement nécessaire au courant.

Nous avons vu les sauvages, les Chactas, faire eux-mêmes chacun leur vaisselle en terre qui ne gerce point, et qui est indestructible aux feux des ménages; ils se servent de terre glaise rouge ou jaune, avec des minerais bien pulvérisés; ils mêlent parfaitement le tout ensemble et le pétrissent

à la main comme de la pâte ; et lorsqu'ils ont ainsi
formé leur vaisselle, ils la mettent sécher lente-
ment au feu et par gradation. Il est certain que
bien des habitans à la campagne pourraient former ainsi eux-mêmes des poêles en carré long,
dont leurs parois seraient de peu d'épaisseur et à
surfaces très-sinueuses, ainsi que les tuyaux cheminée de ces poêles, lorsque le combustible est
très-bon ; mais pour en faciliter l'usage, il faudrait, dans toutes les *communes*, des machines à
feu ou à vent, qui coupent, scient, fendent économiquement ou en un rien de temps, une voiture de toute sorte de bois en très-petits morceaux. Le devant et les jambes ou les côtés d'une
cheminée pourraient être faits d'une chaudière
sinueuse, représentant un caniveau, dont le côté
extérieur serait très-sinueux, ou bien encore on
aurait des tuyaux coudés, placés horizontalement
l'un au dessus de l'autre ; et si on ne faisait pas
assez de feu pour avoir de la vapeur, on aurait
toujours, sans plus de combustible, de l'eau ou de
l'air chaud, pour porter de la chaleur partout où
on le désirerait, ou bien pour donner un moteur à
air ou à gaz acide carbonique comprimé. On pourrait encore avoir, d'après les mêmes principes, un

double caniveau postiche, qu'on placerait horizontalement renversé sur le combustible devant
la cheminée; il aurait un petit tuyau cheminée
au milieu, et enfin ce caniveau pourrait aussi être
formé de petits-tuyaux placés l'un au-dessus de
l'autre pour donner une chaudière qui, en con-
centrant la chaleur, ferait mieux brûler les produits de la combustion, et utiliser le calorique;
le combustible serait alors introduit par les deux
extrémités du caniveau.

Pour se faire une idée de la perte de chaleur
qu'on a quand on fait du feu à l'air libre peu
agité, le rayonnement horizontal n'est presque
rien, le calorique est entraîné verticalement par
l'air et les gaz dégagés qui arrivent de tous côtés
pour se dilater et s'élever en emportant la chaleur, et on recevrait plus de chaleur à cinquante
pieds au haut d'une cheminée, que placé devant
le feu seulement à la distance de deux pieds, en
sorte qu'on n'utilise pas la centième partie du calorique que le combustible dégage lorsqu'il brûle à
l'air libre, tandis qu'en le faisant brûler dans l'air
seulement un peu comprimé, tout le calorique
pourrait être utilisé, puisque le courant d'air
chaud naturel ne serait plus nécessaire. Le com-

bustible est presque partout très-cher et indispen-
sable dans plus des trois quarts de tous nos be-
soins; comment se fait-il donc qu'il n'y ait pas
encore une personne sur cent, qui connaisse seulement un des nombreux moyens de l'économiser ? Au fur et à mesure que le monde augmen-
tera, il faudra pourtant plus de terre à cultiver,
et il y aura par conséquent moins de forêts et
plus d'hommes pour en consommer les bois; donc
il faut perfectionner les moyens de chauffage;
mais pour parvenir promptement à une économie
générale dans l'emploi de tous les combustibles,
il serait sans doute aussi avantageux de mettre
des taxes sur tous les moyens de chauffage re-
connus les plus défectueux, et de défricher une
grande partie des forêts en terrains fertiles. Cette
opération obligerait à la culture du bois et à des
plantations isolées, qui rendraient de grands services à l'agriculture, tout en rendant plus utile la
construction des canaux et des routes en fer. C'est
avec le calorique que la Divinité met tout en mouvement sur la terre; espérons que tous les hommes sentiront la nécessité de s'instruire assez pour
pouvoir mettre bientôt en pratique un exemple
aussi divin !

On a beaucoup écrit sur les canons ou fusils à vapeur sur piveau, à un grand nombre de coups par minute; on a sans doute voulu détourner l'attention du public sur le seul emploi avantageux qu'on en puisse faire, et dont j'ai fait connaître le premier les principes dans mes ouvrages intitulés : *Mécanique des gens du monde*, publiée en 1824, et *Mécanique militaire*, imprimée au commencement de 1825. M. Perkins de Londres, en faisant un assez mauvais emploi de mes tuyaux à courant et de mes canons sur piveau, des ouvrages précités, est cependant parvenu à tirer plus de deux cents coups par minute ; mais on lui a reproché, avec raison, qu'il ne pourrait par cette manière avoir une machine ou voiture qui pût marcher sur mer ou sur terre, et tirer en même temps un grand nombre de coups à la fois, puisqu'il n'emploie que quelques tuyaux pour fournir la vapeur à un seul fusil, et qu'alors on pourrait, en se tenant un peu hors de portée, lui faire dépenser inutilement et sans danger, toute l'eau et le combustible qu'il pourrait posséder, attendu qu'il faut trop de temps pour la formation de la vapeur ou pour se tenir toujours en état de défense ; mais je vais faire connaître

de nouveau combien les canons à vapeur peuvent être redoutables comme arme défensive,
si on les emploie d'après tous les principes que
j'ai déjà publiés.

Premièrement, pour les places fortes et la ma-
rine, rien n'empêche d'avoir seulement une double chaudière de cinq pieds de diamètre intérieurement et quinze de long, renfermant un cercle
d'un pied d'épaisseur de petits tuyaux d'un pouce
de diamètre, afin qu'il y en ait cent au pied carré,
et l'espace nécessaire au courant de chaleur qui
doit circuler tout autour de chaque petit tuyau, de
manière à laisser pour le foyer un espace de quatre pieds de diamètre sur quinze de long; ensuite
on peut ajouter à la suite plusieurs autres chaudières pour faire servir la chaleur décroissante du
foyer, et même l'air comprimé qui sert à favoriser la combustion; et si on fait attention que ces
petits tuyaux peuvent supporter sans danger une
pression de plus de quatre cents atmosphères,
puisque ceux d'un demi-pouce de presse hydraulique, résistant déjà à une force de plus de cent,
on sera convaincu que le cercle de tuyaux qui
donne huit cent vingt mètres de surfaces chauffantes à minces parois est capable de faire mou-

voir un grand bâtiment et tirer tout à la fois de
nombreux coups de canon, et cela sans faire une
très-grande dépense de combustible ; on a encore
l'avantage de ne tirer que des boulets rouges ou
bien des boîtes de mitraille faites de balles de
fer chauffées au rouge blanc ; afin que si une
d'elles entre dans le bois du navire ennemi, elle
suffise pour l'incendier.

Il est certain qu'on peut aussi avoir de même
des voitures à vapeur, qui se conduisent partout
d'elles-mêmes, avec des tuyaux encore beaucoup
plus petits, pour présenter encore plus de surfaces
chauffantes et de force dans un plus petit volume
de tuyaux qui serait alors élevé à une plus haute
température avec une moindre quantité de combustible ; mais comme on ne peut être assuré de
trouver toujours du combustible et de l'eau partout, il serait bon que ces canons ou fusils fussent
ou servent de même à vapeur, à air comprimé et
à poudre à la manière ordinaire ou autrement,
afin que l'ennemi, un peu hors de portée, ne
puisse pas vous tenir en échec, pour après vous
attaquer sans crainte aussitôt qu'il vous a fait
user inutilement votre eau et votre combustible,
ou bien qu'en vous surprenant, il ne vous ait

pas donné le temps d'allumer votre foyer, pour pouvoir produire à temps de la vapeur à haute pression. Ainsi, le meilleur emploi de la vapeur sur terre comme sur mer, serait donc toujours de lui faire comprimer de l'air dans des tuyaux qui permettent d'avoir toujours prêt à tirer plusieurs coups de canon, et au défaut de combustible ou d'eau sur terre, les hommes et les chevaux, le vent même pourraient préparer les charges avec des machines très-simples et portatives; et sur mer la force du tangage, du roulis et du sillage du navire y suppléeraient avec avantage, et cet air comprimé pourrait encore servir au besoin, avec les machines qui le compriment, à la marche du navire.

Mais c'est surtout sur terre que l'air comprimé peut rendre les armes défensives les plus redoutables; un seul homme à couvert peut charger et tirer plus de cinquante coups de fusils à la fois, placés à côté l'un de l'autre dans un cadre vertical, supporté sur un piveau avec des tuyaux en spirale, placés au-dessus de chaque canon de fusil pour y descendre successivement toutes les balles dont ils sont remplis, en sorte qu'un seul homme, au moyen d'une tige à robinets qui traverse tous

les canons de fusils, puisse tirer plusieurs mil-
liers de coups par minute, pendant que quantité
d'hommes compriment l'air à couvert derrière
une voiture à portes; car des hommes employés
à comprimer l'air avec leur pesanteur et leur plus
grande force musculaire, peuvent donner la
charge à leur fusil dix fois plus vite qu'avec la
poudre à la manière ordinaire; mais quelle bor-
dée l'ennemi n'aurait-il pas à essuyer d'un petit
nombre d'individus, si l'air était comprimé ainsi
d'avance dans des petits réservoirs, par des hommes, des animaux et autres moteurs placés hors de
portée, et quelle économie n'en résulterait-il pas
aussi, puisque la poudre coûte cent cinquante fois
plus cher que le charbon, et plus de vingt fois le
travail de l'homme? L'air comprimé pourrait aussi
arriver hors de portée par de très-petits tuyaux
postiches que des hommes démontent et emportent à l'instant. Voilà pour l'emploi de la vapeur qui peut encore servir à faire des retranche-
mens et des mines d'air comprimé au milieu des
routes où l'ennemi doit passer. Mais si au lieu de
machines à vapeur on employait des machines à
air comprimé, dont l'air vienne brûler et s'échauffer dans le foyer pour servir à la compression et

au tirage des fusils ou canons, le résultat serait alors bien plus grand, l'eau ne serait plus nécessaire, et toute espèce de combustible vert ou sec, qui se trouve partout à la campagne, pourrait brûler dans l'air comprimé; et si on n'avait pas de réservoir rempli, ni le temps de comprimer ou de faire comprimer l'air assez fortement pour qu'il chasse les projectiles sans feu, on pourrait avoir quelques provisions de combustibles qui brûlent à l'instant, tels que de l'alcool, de l'huile, des gaz, du salpêtre, du soufre, du charbon de bois, etc., pour chauffer l'air avec la plus grande rapidité, de manière que l'ennemi ne puisse jamais vous surprendre ni vous approcher de très-près sans être en état de lui riposter avec avantage. On ne pourrait plus également manquer de munitions, car, au moyen du foyer et de quelques moules, tous les métaux fusibles, qui se trouvent partout à la campagne, pourraient en produire. La machine, au besoin, pourrait encore tourner des pierres et les concasser, en faire de pierre factice et de terre cuite pour les envoyer à l'ennemi comme mitraille; et comme l'air ne fait ni bruit ni fumée, il en résulte que l'ennemi pourrait recevoir de tous côtés des projectiles sans savoir où il doit avancer ou

(181)

reculer ; mais c'est surtout une ville qu'il serait facile de rendre imprenable rien que par l'air comprimé, et ses propres habitans, tous sans excep-
tion, pourraient comprimer de l'air au moyen de
très-petits tuyaux à soupape qui aboutiraient dans
les caves et autre part, ainsi que tous les animaux, les machines à vapeur, à vent et hydraulique, en sorte que chaque canon pût tirer sans
discontinuer, avec un seul homme, plus de vingt
coups par minute, au moyen des procédés que
j'ai déjà publiés pour cribler de projectiles l'ennemi qui oserait se tenir à portée ; car l'air des
tuyaux pourrait encore arriver dans un faisceau
de très-petits tuyaux placés au-dessus d'un foyer,
et à chaque fois qu'on tournerait le robinet du
devant pour faire partir une charge, la soupape
du derrière s'ouvrirait pour l'entrée d'une autre
charge au foyer, laquelle serait chauffée à l'instant par les tuyaux qui pourraient être tenus au
rouge brun ; mais, au défaut de combustible, l'air
comprimé à la manière des presses hydrauliques
chasserait toujours la charge avec une force de
quatre cents atmosphères.

Je laisserais bien avec plaisir l'honneur de l'in-
vention de ces machines à quelques habiles pra-

ticiens qui voudraient bien les faire exécuter ;
mais s'ils ne prenaient que quelques parties de ces
inventions comme pour les rendre impossibles,
je ne pourrais plus les leur abandonner sans danger pour moi.

On m'a reproché de mettre des machines de
guerre très-meurtrières à côté des machines les
plus productives ; mais est-ce qu'un fusil employé
dans un bois à tuer les bêtes féroces qui dévas-
tent les campagnes et qui jettent l'effroi parmi
des habitans paisibles, n'est pas une machine
conservatrice qui vaut une des meilleures machines productives ? Hé bien, toutes mes machines de
guerre qui sont défensives ont pour but un résultat semblable, donc elles ne sont point dépla-
cées ; il faut aussi qu'on sache que ce sont des
additions à ma Mécanique militaire, nécessaires
pour en faire mieux connaître le but, qui est
d'empêcher la guerre par terre comme par mer,
et non pour la faire, ainsi que l'indique le titre
qu'on a substitué au mien malgré moi.

FIN.

(183)

TABLE DES MATIÈRES.

Pages.

FIGURE PREMIÈRE. — Nouvelle soupape de sûreté qui obvie à tous les inconvéniens des anciennes, et dont les effets étaient très-incertains.   1

FIGURE II. — Autre soupape de sûreté.   4

FIGURE III. — Soupape de sûreté qui fixe la hauteur de l'eau dans la chaudière, et réciproquement.   6

FIGURE IV. — Autre soupape de sûreté, et moyen de limiter la quantité d'eau dans une chaudière.   9

FIGURE V. — Machine à vapeur remontant de l'eau par un balancier hydraulique, semblable à ceux que j'ai publiés dans ma *Mécanique des gens du monde*, et dans presque tous mes autres ouvrages, où la vapeur peut travailler avec sa pression, ensuite par sa dilatation, et après par sa condensation; le tout sans roue ni piston.   12

FIGURE VI. — Le moyen de faire remonter de l'eau, 1° par l'air dilaté, provenant d'un foyer qui brûle dans l'air comprimé; 2° par la vapeur qui arrive de la chaudière à traverses ou à courans et qui forme le foyer, et par l'air comprimé d'une deuxième chaudière, servant à empêcher et à faire servir le rayonnement de la première chaudière qu'elle renferme; en sorte qu'il y ait tout à la fois la plus grande quantité possible de calorique de produit et d'utilisé; ces

Pages.

chaudières ont été publiées dans mes différens ouvrages. 18

Figure VII. — Le moyen de faire avec peu de force le plus grand vide dans un condenseur, ou d'élever de même une grande quantité d'eau d'un puits le plus profond, pour la faire servir à condenser des vapeurs, refroidir des liquides, et laver diverses substances employées dans les arts, etc., etc. 20

Figure VIII. — Autres manières de condenser et de refroidir les fluides. 23

Figure IX. — Condenseur sans piston, où l'eau chauffe par gradation, pour donner le plus grand refroidissement, et de l'eau presque bouillante pour alimenter la chaudière. 26

Figure X. — Autre condenseur qui chauffe l'eau par gradation et l'élève ensuite, pour qu'elle entre plus facilement par sa pesanteur dans la chaudière et avec le plus de chaleur possible. 28

Figure XI. — Condenseur pour économiser l'eau d'alimentation dans les endroits où elle est très-rare, soit pour servir dans les machines à vapeur ou dans les distilleries. 30

Figure XII. — Chaudière portative ou non, servant à volonté tout à la fois de machine à vapeur moteur de machines, et pour chauffer les appartemens éloignés; à cuire, blanchir différens objets, etc. Elle sert aussi comme calorifère, et pour donner de l'air comprimé et échauffé à une haute température, pour aller chauffer les liquides ou les faire évapo-

(185)

Pages

rer en les traversant, quelles que soient la direction
et la distance, où ils soient placés. . . . 34

FIGURE XIII. — Autre chaudière portative pour servir
aux mêmes usages que la précédente. . 51

FIGURE XIV. — Chaudière de machines à vapeur servant à volonté à carboniser la houille, le bois et la
tourbe, en brûlant les produits de la combustion ou
de la distillation. Elle sert aussi de fonderies et de
forges à griller les minerais, à cuire les pierres calcaires et différens objets; le tout avec beaucoup
moins de combustible que pour les machines à vapeur ordinaires. . . . 63

FIGURE XV. — Autre chaudière à vapeur servant à
tous les usages précédemment expliqués, et ensuite
à un grand nombre de forgerons, fondeurs, etc., travaillant tous à la fois à la confection de différens
objets. . . . 58

FIGURE XVI. — Autre chaudière circulaire et à vapeur servant aux mêmes travaux que les précédentes, mais chauffant les matières par gradation. 63

FIGURE XVII. — Autre chaudière circulaire en arc de
cercle propre aux travaux précédemment expliqués, et servant en sus à distiller les liquides, vaporiser, etc. . . . 65

FIGURE XVIII. — Autre chaudière circulaire, pour servir aux travaux ci-devant indiqués. . 67

FIGURE XIX. — Autre chaudière courbée en forme de
cercle concentrique. . . . 69

FIGURE XX. — Autre chaudière à vapeur faite en arc

(186)

Pages.

de cercle où les objets cuisent et chauffent par gradation.   71

FIGURE XXI. — Chaudière à vapeur, à carboniser et à
distiller, etc.   73

FIGURE XXII. — Fourneau ordinaire à cuire sans fin et
à vapeur, servant à fondre les minerais, à cuire le
plâtre, la chaux, des briques, dont celles assez cuites
servent aux constructions extérieures, les autres aux
murs de refend, et celles trop cuites et informes à
faire du ciment, etc. La vapeur peut être employée,
à des distances éloignées, à l'extraction et aux charrois des minerais, à les laver et concasser, à extraire
et briser les pierres à chaux et à plâtre pour nécessiter moins de combustible, à tous les travaux des
terres pour faire la brique, et ensuite à pulvériser
le ciment.   75

FIGURE XXIII. — Chaudière à vapeur portative et à
traverses, à courans, servant à faire cuire le pain,
la pâtisserie, le biscuit, les viandes, etc., ainsi qu'à
carboniser les combustibles, et à chauffer à la vapeur des appartemens, etc.   88

FIGURE XXIV. — Chaudière de machine à vapeur portative où il n'y a presque pas de surfaces rayonnantes qui reçoivent une forte chaleur, et sans chauffer
beaucoup de surfaces étrangères en ascendant.   90

FIGURE XXV. — Machine à vapeur et à air comprimé
portative, pour une très-grande force, et dont le
peu de volume la rend susceptible de servir comme
poêle dans les appartemens.   113

(187)

Pages.

Figure XXVI. — Chaudière portative, mobile et à traverses, contenant le foyer et des tuyaux bouilleurs; sa forme peut être sphérique, cylindrique ou cubique.   120

Figure XXVII. — Chaudière pour évaporer, où l'on ne chauffe presque point de surfaces étrangères; mais bien une très-grande quantité de surfaces utiles, dans un petit espace, et sans avoir un grand volume de liquide à évaporer.   122

Figure XXVIII. — Autre chaudière pour évaporer, où le liquide est chauffé par gradation.   124

Figure XXIX. — Autre chaudière pour évaporer.   126

Figure XXX. — Chaudière portative pour faire chauffer des liquides, ou bien cuire des légumes, etc., avec peu de combustible.   132

Figure XXXI. — Chaudière pour chauffer beaucoup de surfaces utiles et peu étrangères, et sans en laisser beaucoup de rayonnantes.   135

Figure XXXII. — Autre chaudière.   138

Figure XXXIII. — Fourneau, chaudière et cuisine portative, pouvant servir de poêle, etc.   140

Figure XXXIV. — Autre chaudière, poêle, cuisine, etc.   143

Figure XXXV. — Autre moyen.   145

Figure XXXVI. — Autre cuisine, mais postiche dans toutes ses parties.   148

Figure XXXVII. — Autre moyen.   151

Figure XXXVIII. — Poêle, cheminée, cuisine, etc.   154

Figure XXXIX. — Autre poêle, cuisine, calorifère, etc.   157

Pages.
Figure XL. — Cheminée, poêle, cuisine, calorifère, etc. 159
Figure XLI. — Poêle, cuisine, chaudière à vapeur, etc. 161
Figure XLII. — Cheminée calorifère dont le surmanteau est une cuisine. 163
Figure XLIII. — Petite cuisine chauffée à la lampe
le soir, dans la saison d'été, où on n'a besoin que de
lumière, et surtout pour les habitans de la campagne, qui n'ont souvent qu'à faire chauffer et cuire
des objets qui n'exigent pas une haute température. 166

FIN DE LA TABLE.

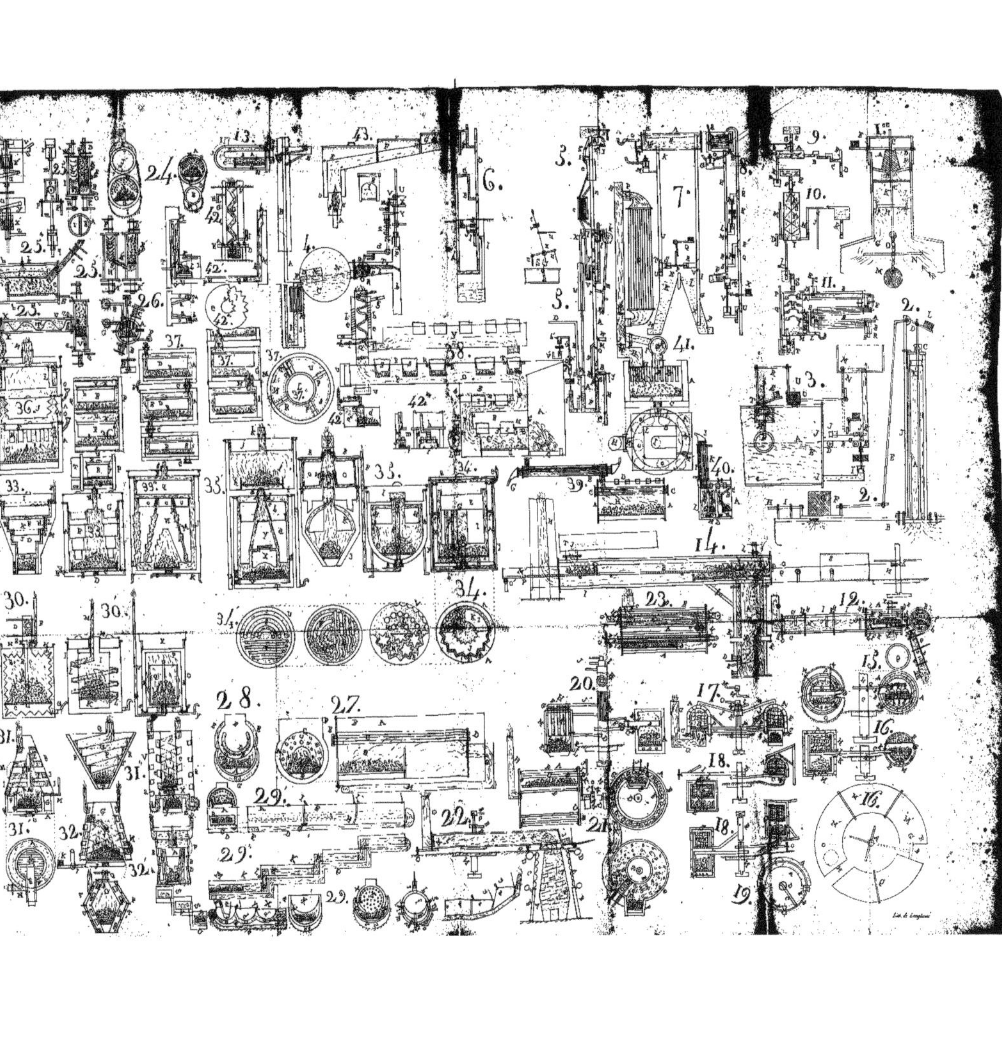

IMPRIMERIE DE DECOURCHANT.